Dr.本田の
社会保障切り捨て日本への処方せん 三訂版

新型コロナ感染症を乗り越えて

本田　宏 著

自治体研究社

目次

第2章　諦めずに明らめるために……33

第3章　報道の自由度とメディア・リテラシー……61

三訂版　はじめに

本書の改定は最初の改訂から1年が経過し今回で3回目ですが、前回懸念した通り政府は五輪関係者にだけＰＣＲ検査を積極的に行い、開催地を大きな泡で包む「バブル方式」で、第5波のさなかの7月23日から9月5日まで、オリ・パラ開催を強行しました。私は開催に反対でしたが、それは開会前から日本の死者は1万5千人を超えて、東アジア一となっていたからです。

その不安は的中、日本選手の金メダル獲得が連日のように報道されていた8月2日、菅首相は重症リスクの高い人以外は「自宅療養」と新型コロナの入院方針を転換しました。しかし、8月に自宅などで死亡した感染者は全国で２５０人と7月の約8倍に急増したことが、警察への取材で明らかにされたのはオリ・パラが終了した後だったのです（「朝日新聞 DIGITAL」、２０２１年9月13日）。必要な患者さんが入院できず自宅で亡くなる、まさに医療崩壊そのものでしたが、7月に野党が要求した臨時国会開催を政府は無視して、9月半ばから自民党総裁選一色となったのです。

（憲法53条：衆参いずれかの議員の4分の1以上の要求があれば、内閣は招集を決定しなければならない）

新型コロナ感染拡大後に私の講演も激減しましたが、昨年秋ごろからリモート講演は増加し、「医療法等の一部を改正する法律案」を審議する2021年3月24日開催の衆議院厚生労働委員会の参考人として3回目の発言をすることができました。YouTubeでご覧いただけます（https://youtu.be/6dTo7h7vdf0）。しかしそこで繰り返し強調した日本の医師の絶対数不足（OECD平均と比較して13万人不足）は一顧だにされず23年度からの医学部定員削減方針は見直されないまま、高齢者の窓口負担の倍増等が決定されたのです。そして新型コロナでこれだけ日本の医療崩壊が明らかとなったのに、全国400以上の公立・公的病院の再編統合方針も、都立・公社病院の独法化も粛々と進められようとしています。新型コロナ禍の埼玉の医療現場の実状については、ビデオジャーナリスト遠藤大輔氏の協力をえて、「コロナと医療崩壊　人災としてのパンデミック」と題してYouTubeにアップしました。是非ご覧ください（https://youtu.be/CPafXLVulUI）。

新型コロナ感染で生活に苦しむ国民は増えるばかりです。新型コロナという最大のピンチをチャンスに変えるためには、一人でも多くの国民が社会保障を切り捨てる日本政治の実態を直視し、国民第一の政治のために一票を投じることが必要最低条件です。本書初版から3年半が経ちましたが、日本を諦めずに活動を続けたいと思います。

2021年11月5日

改訂版　はじめに

１９７９年に医師免許を取得してから36年間、外科医として働いてきた私が外科医を引退したのは6年前で、そして本書を世に問うたのは2年前でした。外科医として最後の26年間は、先進国一医師不足の日本の中で、もっとも医師不足の地埼玉県で日々の診療に当たってきました。引退時に世に問うたのは『本当の医療崩壊はこれからやってくる！』（洋泉社）だったのです。

外科医引退後は、医療崩壊を食い止め、医療の安全と質を保つために全国で講演を続けてきたのですが、現在は新型コロナウイルスで講演が全て中止となっています。

振り返るとこの20年間に全国で１４００回を超える講演会を行ってきたのですが、新型コロナウイルスの感染で、私が懸念した医療崩壊がまさに現実のものになっています。そして明らかとなったのは、先進国一医師不足の日本は新型コロナウイルスの検査も世界最少だったことです。ＰＣＲ検査がままならず入院や治療が遅れた有名人の悲報でそれが広く認識されるようになりました。

長年高齢化が世界一進む日本の医療費と医師数が先進国最低に抑制された背景には、政府の国策「医療費亡国論」があるのですが、今回の新型コロナ危機でもその方針が変わっていないことが確認できたのです。

２０１８年6月に「働き方改革関連法」が成立し、長時間労働が常態となっている医師の現場にも、働き方改革が求められています。一方政府が作った「医師不足と赤字」を理由に、２０１９年9月に厚生労働省は全国４００以上の公立・公的病院の再編・統合を、12月に小池都知事は都立病院の地方独法化を強行しようとしています。そしてなんとこれらの方針は新型コロナ危機で医療崩壊が懸念されている現在も見直されていないのです。

長年医療再生の活動をしてきた私ですが新型コロナ問題は、日本の医療を再生させる「ラストチャンス」と思います。何故ならなかなか国内ではグローバルスタンダードと比較した日本の低医療費や医師不足の問題が、国民の皆さんに届かなかったからです。しかし新型コロナ危機で、ようやくその問題が報道されるようになりました。本書初版を上梓して2年が経ちますが、まだ日本の医療を諦めるわけにはいきません。データを差し替え追補も行いました。今一度ご一緒に医療をそして日本を考えてみたいと思います。

２０２０年6月1日

はじめに

1979年に医師免許を取得してから36年間、私は外科医として働いてきました。最後の26年間は先進国一医師不足の日本の中でもっとも医師不足の地である埼玉県で日々の診療に当たってきたことが今の私をつくっているのだと実感しています。

2000年頃から医療事故や医療崩壊がメディアで頻繁に取り沙汰されるようになり、より良い医療を提供するためには、多くの国民に医療現場の実態を知ってもらう必要があると、日本の医師不足の実態等について、新聞やテレビ出演等を通じて情報発信を開始しました。しかし医療や社会保障よりも経済最優先の日本です。一向に抜本的な医師や医療費、そして社会保障予算の見直しが行われる気配はありません。

本腰を入れなければ日本は変わらない。そう痛感した私は2014年に還暦を迎えたのを機に、2015年3月で外科医を引退し、医療と日本再生のために講演などの情報発信に加えて、幅広い市民の連帯を目指して多くの市民活動等にも全力を投じています。

現在「働き方改革」が話題になり、厚労省はホームページで『「働き方改革」は、一億総活躍社会の実現に向けた最大のチャレンジであり、日本の企業や暮らし方の文化を変えるものです。厚生労働省では、女性も男性も、高齢者も若者も、障害や難病のある方も、一人ひとりのニーズにあった、納得のいく働き方を実現するため、「働き方改革」の実現に向けて取組を進めていきます。』と説明しています。

しかし過労死が相次ぐ医師については、医師の労働時間を労基法遵守のレベルまで見直せば、医師不足がさらに悪化して地域や救急医療が崩壊するという悲鳴が医療現場から上がっています。なぜ日本では医師数や医療費が先進国最低レベルとなってしまったのでしょう。なぜ医療ばかりでなく社会保障、さらに教育予算も先進国最低なのでしょうか。

本書では、私がこのような活動をするようになったきっかけ、日本のどこが問題で何を変えれば医療や社会保障が充実するのか、崩壊のルーツ明治維新にまで遡って、日本再生の道をご一緒に考えてみたいと思います。

2018年1月15日

第1章　外科医引退、市民運動へ

1　私が医師になったきっかけ

1979年に医師免許を取得し外科医として36年間、最後の26年間は先進国一医師不足の日本の中でもっとも医師が少ない埼玉県で働きました。私が医師になるきっかけは、現在多くの国民が懸念を表明している戦争法案にも関連する母の涙でした。

私の母ヒサは1929（昭和4）年に福島県郡山市のお菓子問屋に生まれ、終戦後に福島県郡山市の北に位置する二本松市の呉服店の二男だった父の昇二郎に嫁ぎました。私は1954年6月生まれで、3歳頃まで二本松市で従妹や呉服店で働く多くの人々に囲まれて育ちました。

その後、父は郡山にホンダ洋品店を開業し、誕生した弟の茂と4人で暮らすことになりましたが、子どもだった私にも洋品店経営で父と母が大変苦労をしていることは理解できました。当時、郡山は私が入学した金透小学校の合奏団が全国優勝し、東北のウィーンと言われていました。4年生になると私も合奏団に入団しコントラバスを担当、当時の厳しい練習や演奏会への参加などの経験がその後の人生に大きく影響したと感じています。

安積高校に入学しサッカー部に所属した私の将来の夢は、当時の多くの子どもたちと同様に国際線のパイロットでした。高校3年夏の高校総体が終わった秋だったと思います。宮崎航空大学の受験票を取得し、いよいよ受験のために宮崎行きの旅券を申し込もうとした直前のある晩、突然に母が大粒の涙を流しながらパイロットになることを反対したのです。

その時に初めて聞いたのですが、母は戦時中に女学生として郡山の保土ヶ谷にあった軍需工場で働いていた時に、その工場がアメリカ軍に爆撃されて親友を失うという経験をしていたのです。「もしお前がパイロットになったら、戦争が起きれば一番初めに召集されてしまう」そう言いながら泣いて反対したのです。それまでパイロットになることしか考えていませんでしたが、初めて見た母親の涙を無視することはできませんでした。

パイロットの夢を断念したとはいえ、数ヵ月後に迫った受験で、どの大学のどの学部を受験したら良いのか困ってしまいました。とりあえず難関と言われている医学部を目ざして猛勉強する、そして予備校に通いながら将来の進路を決める、それが私の出した結論でした。担任に相談すると「お前はパイロットにピッタリと思ったのに……。ただもし医学部を受験するなら本格的な受験勉強をしてこなかったんだから問題が素直な新潟や弘前大学がいいぞ」とアドバイスしてくれたのです。

一期校は新潟、二期校は弘前大学の医学部を受験しましたが、案の定、最初に届いた新潟大学の合否通知は不合格だったため、渋谷の本屋さんに嫁いでいた叔母さんの家にやっかいになりながら予備校の受験を開始しました。ところが郡山でも有名だった駿台予備校を受験しましたが不合格、さすがの私も予備校の受験失敗はショックでした。途方にくれていた私に、郡山の母から電話が来たのです。「宏、弘前大学から合格通知が届いた」と。

2　想像を絶した地方勤務医の生活

母の涙でパイロットになることを断念、弘前大学医学部に合格した私は、桜で有名なお城から岩木山を臨む地方都市の弘前で下宿生活を開始しました。

大学時代はどの講義も興味津々で出席者の多寡にかかわらず全ての講義を最前列で聴講しました。講義とバスケットボール部の活動にも力を入れながら、将来はどの科を選択しようかと迷っていた卒業間近の頃です。肝臓移植のパイオニアとして世界でも有名だった米国のスターツル教授招待講義が弘前大学で行われたのです。最先端の医療に刺激を受けた私は、移植外科医になることを夢見て、卒業後母校の第一外科に入局したのです。

初めの2年間は大学と関連病院を半年ごとにローテートして外科初期研修を行いましたが、3年目の4月に東京女子医科大学の腎臓病総合医療センターに移籍しました。理由は当時腎移植で有名だった東京女子医大で多くの患者さんの治療を経験して、移植のエキスパートを目指したかったからです。

高校までは福島県の郡山、大学は弘前と、ずっと地方でのんびりと育った私です。卒後2年目に弘前で所帯を固め、その数ヵ月後に上京した東京の生活は驚くことばかりでした。一番驚いたのは物価の違いでした。弘前で借りていた住居の家賃は駐車場付きで３万円程度だったのに、新宿の女子医大の近くの賃貸マンションは駐車場代だけで３万円もしたのです。

女子医大の給与はマンションと駐車場代だけで底をついてしまいます。大学の仕事が終わると夕方から新宿や埼玉の血液透析施設でアルバイト、土日には関連病院で日当直をこなして生活費を稼ぎ、大学では臨床の合間をぬって犬の肝臓移植の実験を行う日々が始まりました。

加えて一般外科の手術の修行のために、１年は大学、次の１年は関連病院で外科医としての研修です。今振り返れば結婚後、弘前から渋谷区初台、埼玉県川口市、新宿区河田町、千葉県君津市、新宿区河田町、埼玉県大宮市、そして現在の埼玉県幸手市に落ち着くまで８回の引越しを余儀なくされました。家族の苦労は大変なものだったと思います。

移植外科医を夢見て上京し、このような生活をしながら８年が過ぎようとしていた頃、私は自身の将来と、アルバイトが不可欠な大学生活に疑問と不安を抱くようになっていました。日本では脳死者からの臓器提供は認められていませんでした。いつになったら私が目標とする肝臓移植が行えるようになるのか、皆目検討がつかなかったからです。

ちょうどその当時、主任教授だった太田和夫先生から、埼玉県済生会が栗橋町に新設予定の病院への医師募集の話があったのです。太田教授の「栗橋病院の外科で働く者はいないか」という呼びかけに、その場で私は手を挙げました。

こうして１９８９年７月から埼玉県済生会栗橋病院外科部長として赴任し、２０１４年３月まで約26年間済生会で働くことになるわけですが、大学と違ってアルバイトをする必要はなくなり、外科医に専念した生活が送れると期待していた私が甘かったことは赴任後すぐに明らかになりました。開院時の栗橋病院の外科医は私と6年目と2年目の若手医師の3名だけでした。大学卒業後は常に先輩の指導の下に働いていた私が、卒後10年目で外科のトップとして、患者さんの診断から手術はもちろん、若手外科医の指導まで全てに責任を持つことになったのです。

胃がんや大腸がん・乳がん等の予定された手術だけでなく、交通事故による内臓損傷から急性虫垂炎（盲腸）等の緊急手術まで、昼夜を問わない対応が求められました。もちろん常勤の麻酔医は不在でしたから、緊急手術の際には外科医の私たちが交代で麻酔を担当しなければなりませんでした。

日本の医療現場で不足しているのは麻酔医だけではありません。今回の新型コロナ危機で重篤な肺炎の患者さんの増加が問題になっていますが、日本は「感染症専門医」も不足しています。私は２０１０年9月27日に毎日新聞のオピニオン「くらしの明日」で「院内感染の真因は要員不足」と題して、日本では３００床規模以上の医療機関で、感染症専門医や看護師が不足していることを指摘していましたが、新型コロナが問題となった２０２０年1月の時点でも専門医は未だ必要数の半分しかいない状態なのです。さらに新型コロナの重症者に対して行われる、体外式膜型人工肺（ＥＣＭＯ）の治療を担当する集中治療医も、必要数の半分しか存在していません（COVID-19対策の最後のとりで　集中治療体制をいかに再構築するか『週刊医学界新聞』２０２０年7月20日）。ＰＣＲ検査数や重症患者に対応するＩＣＵベッド数が少ないことは報道されますが、肝心要の専門医や看護師が少ないことが、現場にはさらに大きな負担を与えているのです。

３　先進国最少の医師数、そして「精も根も尽き果てるような働き」

１９９８年、栗橋病院で無我夢中で働いて約10年が経過する頃でした。私たち医療者も医療制度を勉強しなければ、日本の医療体制は改善しないという目的で立ち上がった医療制度研究会に参加しました。そこで私は日本の医療費と医師数が先進国最低という驚愕の事実を初めて知ったのです。なぜ土日でも術後の患者さんの回診で病院に行き、呼び出しがあれば夜間でも病院に駆けつけるために３６５日24時間携帯電話を枕元においていなければならなかったのか、その理由がようやくわかりました。

医療制度研究会立ち上げの翌年、１９９９年2月に発生したのが都立広尾病院の医療事故でした。その2年後、２００1年には東京女子医大、２００2年には慈恵医大青戸病院、さらに２００４年には福島県立大野病院と医療事故が相次いで発生、なんと２００６年には逃げも隠れもしない大野病院の産婦人科医が逮捕されてしまったのです。実は、１９８９年8月には関西の大学病院の研修医が過労死、１９９９年8月には都内の病院の小児科医が医師不足による過労でうつ病を発症し、自殺するという事件が発生していました。しかし、当時のメディアはそれぞれの医療事故について朝から晩までセンセーショナルに報道しましたが、事故の根底にあった医師や看護師不足等の医療現場の問題について取り上げることは殆どなかったのです。

医療現場のマンパワー不足を解決しなければ、医療事故も医師の過労死も無くならない。日本の医療費と医師数が先進国最低であるという事実を一人でも多くの国民に伝え、日本の医療体制をせめて先進国平均に引き上げなければ日本の医療再生は不可能、そう考えて積極的に新聞投稿等を試みるようになったのです。

ようやく私の意見が大手新聞に掲載されたのは2002年の朝日新聞です。医療制度研究会が発足して4年後、本書の「おわりに」で詳しく触れたいと思いますが、郡山の病院に入院中に転倒骨折して寝たきりとなった母親が亡くなった翌年でした。朝日新聞の「直言」というコーナーに顔写真入りで掲載された「ミス招く医療システムの病理」という一文で、私は医療ミスの背景に、先進国最低に抑制されてきた日本の医療システムの問題があること、道路工事など公共事業に何百億円も税金を使う世界一の「社会舗装国」から「社会保障国」へ脱皮するために、政府は医療機関の充実を最優先課題とすべきではないか、と訴えたのです。

生まれて初めて大手新聞に記事が掲載された私は、全国からどのような反響がどれだけあるのかと期待しましたが、一般の読者からの手紙やファックス等の反響は一切ありませんでした。その後も諦めずに読売や毎日新聞への投稿、さらにテレビ朝日の「爆笑問題の日本の先生教えて」という人気番組への出演などを通して、繰り返し・繰り返し日本の医師不足と低医療費の問題を訴え続けました。それでも一向に医師増員や医療費増の世論は盛り上がらなかったのです。

所詮地方の勤務医がどうあがいても何も変わらない、そう諦めかけていた2006年でした。その後の私の活動に決定的な影響を与えた出来事がたて続けに起きたのです。一つは正月に自宅に届いた年賀状、そしてもう一つは2月のバレンタインデイの翌日に病院に届いたファックスでした。

年賀状は栗橋病院の若手外科医からで、そこには「精も根も尽き果てるような働き方をせずとも安全な医療が提供できること、今年の目標」と書いてあったのです（写真）。自分がやってきたように365日24時間患者さん中心で働くことを、無意識のうちに若手にも要求していたのかもしれません。しかし医師不足の現場では、そのような働き方をしなければ、患者さんの手術が安全にできなかったのです。

HAPPY NEW YEAR
2006
新春を迎え、皆様のご健康とご多幸を
お祈り申し上げます。
精も根も尽き果てるような働き方をせずとも
安全な医療が提供できること（今年の目標）
「精も根も尽き果てるような働き方をせずとも安全な医療ができること」（今年の目標）と記された年賀状

とくに1999年頃から医療事故が相次いで報道されるようになって、術後に起こりうる一般の合併症でも、「医療事故ではないか」と厳しい質問をご家族から受けることが明らかに多くなっていたのです。医師不足も患者安全の確保も「個人の今年の目標」ではとうてい解決不可能。この年賀状は私にしっかりと認識させてくれました。

衝撃的だった年賀はがきが届いた翌月の2月15日、病院宛に一通のファックスが届きました。差出人は高岡善人《よしと》先生で、1939年（昭和14年）東京帝国大学医学部を卒業後、1959年から1980年まで長崎大学医学部第一内科教授として活躍、退官後1981年から山口県光輝病院院長等を歴任し1993年に『病院が消える～苦悩する医者の告白』（講談社、1993年）で日本の医療崩壊にいち早く警鐘を鳴らしていた大先輩の医師でした。

ファックスの冒頭は「昨日はバレンタインデイで私が女性だったらチョコレイトをお贈りするところです」に始まり、私の朝日新聞投稿やテレビ出演を含めた日本医療への危機感に敬意を表していること、私を歯切れのよい勇気ある論客と考えていること等が記され、「このチャンスに先生が拙宅で、愚見と医療資料、経験談をお聞きくださるような御縁がございましたら、私は喜んで医療に対する90歳の遺言を申し上げたい気持ちを持っています。いかがでしょうか。」と結ばれていたのです。

新聞やテレビ出演等を通した情報発信活動に限界を感じていた私は、早速その週末に東池袋にお住まいだった高岡先生のご自宅にお邪魔しました。そしてそこで日本の医療崩壊のルーツを知ることになったのです。

４　私が一番輝いていた日？

高岡善人先生は、日本の医療崩壊のルーツは１９８３年に、当時厚生省の保険局長だった吉村仁《ひとし》氏が「医療費をめぐる情勢と対応に関する私の考え方」（『社会保険旬報』１９８３年3月11日）と題した論文でとなえた「医療費亡国論」であることを教えて下さいました。さっそく私は「医療費亡国論」の問題を講演や新聞投稿、テレビ出演などで積極的に訴え始めました。

２００６年6月2日には、ＮＨＫ夕方の特報首都圏スペシャル「患者の命守るために～徹底討論どうする〝医師不足〟」で、医師不足についての討論が行われました。この番組には日本医師会常任理事、全国医学部長・病院長会議顧問、全国自治体病院協議会会長、医療コンサルタント会社社長に加えて、私も地域医療を支える医師の代表として参加しました。しかし驚いたことにスタジオに行ってみると討論者として出席が予定されていた厚生労働省がドタキャンし、卒後臨床研修制度を導入した医政局の総務課長がビデオで見解を述べるに留まったのです。テレビ討論で直接厚労省の見解を問いただせるチャンスと思って張り切って参加したのに、討論ができずに大変がっかりしたことを覚えています。

それからしばらくして、再度ＮＨＫから電話がありました。それは10月に放送を予定している「日本のこれから」で、再び医療問題を取り上げたいので話を聞かせて欲しいという内容でした。

関東向けの特報首都圏スペシャルとは違って、「日本のこれから」は医療に限らず日本が抱える多くの課題について、生放送で2時間にわたり激論が交わされる全国放送の看板番組です。医療費亡国論を含めて自分が今まで勉強してきた医療に関する知識が少しでも医療再生のために役立てばと、栗橋病院に取材に来てくれたディレクターに2時間以上にわたってスライド映写をしながら熱く訴えました。

すると今度は日本のこれからの番組の全スタッフを集めるから、渋谷のNHKでもう一度話をしてもらえないかという連絡があったのです。もちろん望むところです。すぐに渋谷にお邪魔して10名以上のディレクター団にお話をさせてもらいました。講演が終わると総責任者と思われるディレクターが「この先生にでてもらおうか」と……。私はまさか「日本のこれから」に自分が出演できるとは思っていませんでしたから、半信半疑で帰途に着いたことを覚えています。

その後しばらく出演決定の連絡はなく、やはり私が「日本のこれから」にゲストとして出演することはないのだろうと諦めていました。しかし放送日を1週間後に控えた頃、話をしたいので渋谷のNHKに来てほしいという連絡が来たのです。NHKの食堂で私を待ち受けていた3人のディレクターは、私の出演を最終決定したこと、日本医師会長に加えて厚労省事務次官の出演も決まったことを告げてくれました。ようやく納得できました。なかなか私に連絡が来なかったのは、私の出演が最後の最後に決められたからでした。

いよいよ10月24日の夜、「第９回日本のこれから　医療、安心できますか？」の放送日です。ＮＨＫのスタジオに入るとそれまでのテレビ出演の時とあまりにも待遇が違っていて驚きました。個室が用意されていて、スタジオに入ると私の席は司会者、芸能人ゲストのすぐ隣で、私の外側に厚労省事務次官、さらにその外側が日本医師会長の席だったのです。

そしてさらに驚いたのは、番組の冒頭で「医療費亡国論」が分かりやすくビデオで解説されて、医療費抑制のために医学部定員が削減されたことが、全国に放送されたことです。生放送の番組中に苦虫を噛み潰した厚労省事務次官の表情がアップで放送され、日本医師会長が初めて正式に医師不足について番組内で同意して下さり、番組の合間に私に「頑張れ」と声をかけていただいた喜びは今でも忘れられません。

日本の医療問題の根本、高岡先生に教えていただいた「医療費亡国論」が全国に放送されました。頑張ってきた甲斐があった。２００６年10月24日は私が長年訴えてきた日本の医療の抱える問題点を白日の下にさらすことができ、厚労省や日本医師会にも伝えられた、そんな輝かしい日となりました。そしてこれからはきっと医師増員と医療費が増加され、医療環境の改善が進んでいくに違いない、そう思ったのです。しかしそうは問屋が卸しませんでした。

その後、しばらくは新聞やテレビやラジオ等で医療崩壊について解説させていただくことが珍しくありませんでしたが、徐々に出演の機会は減少し、２０１１年に発生した東日本大震災以降は出演のオファーは殆どありません。いま振り返れば、私がＮＨＫの「日本のこれから」に出演した当時の会長はＮＨＫ生え抜きの方でしたが、その後現在まで５代続いて経済界出身者が会長に就任しています。お上にとって都合が悪い「医療崩壊の真相」を指摘する私を番組に出演させることが、担当ディレクターにとって躊躇せざるを得ない状況が生じているのではないかと心から心配しています。

５　医療再生の機運は高まったものの

「日本のこれから」にゲスト出演を果たした２００６年10月当時は、ＮＨＫが看板番組で医療問題を取り上げるほど、医師不足による地方医療の崩壊が問題となっていました。ところが政府のとった対応は「新医師確保総合対策」として医師不足が深刻な10県及びへき地医療を担う自治医科大学について２００８年から定員を増員するというもので（実態は１６８人）、抜本的な医師増員とはお世辞にも言えないものでした。

しかし全国一医師数が少ない埼玉で日々医師不足を痛感している私にとって、患者さんに安全で良質な医療を提供するためにも抜本的医師増員は絶対に諦められない目標でした。今振り返ると「日本のこれから」出演をきっかけに全国から講演依頼が激増し、年間に60～80回講演を行うようになっていたのです。

翌２００７年には『医療崩壊～立ち去り型サボタージュとは何か』（朝日新聞社、２００６年）で有名な虎ノ門病院泌尿器科部長（当時）の小松秀樹氏とシンポジウムで共演、ある病院団体幹部の紹介で、厚労省で武見敬三副大臣に膝詰めでグローバルスタンダードと比較しながら日本医療の問題点をお聴きいただき、9月には処女作『誰が日本の医療を殺すのか』（洋泉社、2007年9月）を出版して、医療崩壊を世に問うことを続けたのです。

遅ればせながら政府与党も2007年5月には「緊急医師確保対策」を取りまとめましたが、8月には奈良県のいわゆる「妊婦たらい回し事件」が発生し、いよいよ医療崩壊は政治家にとっても座視できない問題となっていったのです。2008年2月には自民党の尾辻秀久・元厚労相を議連会長として与野党含めて衆参で110人超の国会議員が参加して「医療現場の危機打開と再建をめざす国会議員連盟」が発足し、4月12日には日比谷公会堂で「真の公聴会！医療現場の生の声を直接国会議論へ!!」と題した第1回シンポジウムが開催されました。

超党派議連第１回シンポジウム

この機を逃さずに医療関係者も声を上げようと、私も呼びかけ人になって10月19日に「STOP　医療・介護崩壊　増やせ社会保障費　10・19中央集会」が日比谷野音で開催されました。全国各地から医師や看護師など医療関係者約5000人が集まり、集会終了後は日比谷から銀座を経て東京駅までパレードをしたのです。

医学部卒業後30年近く外科医としての仕事に埋没していた私にと

って、恥ずかしながら生まれて初めてのパレード（デモ）参加でしたが、「医師、看護師を大幅に増やせ」「地域医療を守れ」と大声で訴えながら知ったのは、私たちを動物園の動物のように見る銀座の歩行者の無関心さでした。さらに驚いたのは超党派議連までできるほど医療崩壊が社会問題化しているのに、大手新聞やテレビ局はこの集会やパレードについてほとんど報道してくれなかったことです。

6　外科医引退、市民運動へ

生まれて初めて参加した２００８年日比谷の「ＳＴＯＰ　医療・介護崩壊　増やせ社会保障費10・19中央集会」に続いて、２００９年10月23日には「医療崩壊阻止！医師・医学生署名をすすめる会」の代表の１人として全国の医師から「２万１６８３筆」の署名を集め、参議院議員会館で国会議員の皆さんに署名を提出、記者会見も行いました。しかしこの活動も大手メディアから注目されることはありませんでした。その後も諦めずに活動を続けていましたが、２０１１年の東日本大震災と福島原発事故発生以降は、国民やメディアの医療に対する関心は薄れて講演依頼も激減したのは先にも触れた通りです。

ところが大震災の２年後の２０１３年３月に、埼玉県久喜市の75歳男性が25病院から計36回救急搬送の受け入れを断られて亡くなったことが、全国メディアで大きく取り上げられました。受け入れ困難の理由は「担当医が診察中で処置が困難」や「ベッドが満床」だったのですが、大変残念なことに、この患者さんは日ごろ栗橋病院にかかっていた患者さんだったのです。医療再生を目指して外科医と講演や新聞投稿等の二足の草鞋《わらじ》を履いて12年が経過、どうにか踏ん張ってきたものの活動の限界を痛感させられた出来事でした。

講演の機会は減少しましたが、２０１４年５月には生まれて初めて衆議院厚生労働委員会の参考人として、医師不足を訴えるチャンスをいただくことができました。そして１ヵ月後の６月16日に60歳の誕生日、還暦を迎えたのです。

外科医36年に終止符を打って市民運動へ

医療を再生するためには、日本再生が必要最低条件、さもなければ日本は変わらない、そう考えていた矢先、２０１４年10月31日に浦和で開催が予定されていた第１回オール埼玉総行動実行委員会への参加を要請されたのです。

特定秘密保護法に続き、安倍自公政権は２０１４年７月１日に集団的自衛権の行使を容認する「閣議決定」を強行していました。集団的自衛権行使のためには「９条を改定するしかない」と繰り返し答弁してきた歴代内閣法制局長官の人事にまで手をつけて、安倍首相は戦後60年余にわたる政府の憲法解釈を百八十度転換したのです。

2016年3月6日大宮駅西口鐘塚公園

政府の暴挙を食い止めるために真っ先に後援団体として名乗りをあげたのが埼玉弁護士会でした。「集団的自衛権行使容認の閣議決定の撤回を求める」を軸に、埼玉県内の約90団体と有志の個人を集めて、設立されようとしていたのが「オール埼玉総行動」だったのです。

そして私は、２０１５年3月で外科医を引退して病院を退職、医療再生のための情報発信活動に加えて、市民活動へも全力を投じることを決めたのです。

1年で1万人集会を4回

「オール埼玉総行動」の動きは精力的でした。２０１４年10月以降も繰り返し実行委員会が重ねられ、私が退職した2ヵ月後、２０１５年5月31日には北浦和公園で1万人を集め「9条こわすな・戦争させない!!　5・31オール埼玉総行動」を成功させたのです。私もキューバ医療視察で手に入れたチェ・ゲバラのTシャツを着て北浦和公園から浦和駅までパレードしました。

オール埼玉総行動はその後も立ち止まることを知りません。9月4日には大宮駅西口駅前で1万５０００人を集め、翌２０１６年3月6日には大宮駅西口の鐘塚公園で、続いて5月29日には北浦和公園で、なんと1年の間に1万人を超える集会を4回も成功させたのです。

しかしオール埼玉総行動の4回の1万人集会も功を奏せず、自公政権の暴走は続きました。多くの国民の反対を無視した特定秘密保護法、集団的自衛権強行採決に続いて、「テロ等準備罪」と称した「共謀罪」までが強行採決されたのです。しかし私は諦めませんでした、オール埼玉総行動で志高い多くの人々に出会うことができて勇気百倍だったからです。

こうして私は、36年間の外科医生活に終止符を打ち、日本再生を目標に生涯をかけることを誓ったのです。

新型コロナ危機でも変わらない医療費抑制策

それから6年、オール埼玉総行動は9回の集会を成功させ、2020年5月は、新型コロナで延期となりましたが2021年5月には第10回目を開催しています。このように市民活動に制限が加えられる中、新型コロナ危機に乗じて政府は「火事場泥棒」とさえ非難される「検察庁法改正案」を強行しようとしたのです。さらに医療崩壊の危機が連日メディアで報道される此の期に及んでも、厚労省は公立・公的病院の再編統合、都知事は都立病院独法化の凍結や見直しをしようとしていないのです。

たとえコロナ問題が終息したとしても、新たな感染症の危機が訪れるのは歴史を振り返れば明らかです。医療や社会保障を軽視する政治を変えなければ、医療崩壊は止まらないでしょう。

第2章　諦めずに明らめるために

はじめに――「諦《あきら》めず」に「明《あき》らめる」ための4つの視点

私が「諦めず」に医療再生の活動を続けてこられた理由は、医師不足や低医療費はもちろん、私達の目前に横たわる数多くの問題の本質を「明らめる」ように努めることができたからだと思います。その4つのポイントを解説します。

①木を見て森を見ずはダメ、全体像を把握せよ

医療崩壊阻止のために多い時期は年間80回以上、外科医の仕事の合間をぬって全国を回って講演活動を続けていた私にとって、2011年3月11日の東日本大震災は大きな転機となりました。大震災に引き続いた原発事故のために、医療崩壊に関する国民やメディアの関心は急速に薄れてしまったのです。

私は震災前から医療再生や憲法25条を守る集会やデモに参加するようになっていましたが、震災後には原発再稼働や特定秘密保護法・TPPや安保関連法反対等の集会に参加するようになって、数多くの人々や団体が「息長い」活動を継続してきたことを知りました。

そして悟ったのです。日本の医療体制だけを改善することは困難、日本政治が抱える「クレプト

クラシー（収奪・盗賊政治）」という問題を認識して、各分野の活動家が分断されずに連帯して闘わなければ、それぞれが抱える問題の解決は不可能ということでした。

②Follow the money――いったい誰が得をする

"Follow the money"はスタンフォード大学フーバー研究所の西鋭夫《としお》教授の講演ビデオで知った重要な視点です。医療・社会保障や教育も、原発再稼働や東京五輪も、マイナンバーや安保関連法等々にも、すべてに金（予算＝税金）が付いてまわります。

血税をどう振り分けるかがまさに政治ですが、医療費抑制、原発再稼働や東京オリンピック・築地移転、マイナンバー、さらにリニア新幹線・辺野古基地移設でいったい誰が得をするのでしょう。安保関連法（戦争法）強行と北朝鮮のミサイル発射を理由にイージス・アショア導入などによる軍事費が毎年増大して誰が得をするのか。"Follow the money"の視点で確認すればなぜ政治が国民の反対を押し切って政策を強行してきたのかが明らかになります。

③温故知新、歴史に学べ

世界一の高齢社会となった経済大国日本の医師数が先進国最少となったルーツを探ると、１９８３年に厚生省保険局長が唱えた「医療費亡国論」が大きな影響を与えていたことがわかりました。医療や社会保障崩壊だけでなく、原発再稼働、ＴＰＰ、辺野古移設、安保関連法等々、現在目前に山積する多くの問題にそれぞれの時代背景と影響を与えたステークホルダーが存在します。それらを正確に認識することが問題解決のヒントを与えてくれるはずです。

④グローバルスタンダードと比較する

現在にいたっても厚労省や大手メディアは、医師不足の原因は偏在としていますが、私が日本の医師不足の深刻さ、絶対数不足を確信できたのは、ＯＥＣＤ（経済協力開発機構）の人口当り医師数のデータと比較して日本が最少であることを知ったからです。

実はこの構図は最低賃金や年金・生活保護、教育予算や給付型奨学金等の分野についても同様です。それぞれの問題をグローバルスタンダードと比較しなければ日本の実態を評価することは困難、ましてそのような視点で分かりやすく説明する努力を怠れば、国民が正しい認識を持つことは不可能です。

今でも日本のことは国内問題で、他国と比較することはナンセンス・意味がないと言う人がいますが、果たしてそうでしょうか。医療や社会保障が支える「生老病死」は国・宗教・民族に関係なく全ての人間に共通な課題です。

以上４つの視点で問題の本質を明らめて、長年のクレプトクラシー（収奪・盗賊政治）を変える機運を高めれば、様々な問題を解決して日本を国民第一の国にすることも不可能ではないのです。

これから各項目について、詳しく述べていきたいと思います。

１　木を見て森を見ずはダメ、全体像を把握せよ

⑴　木を見て森を見ずはダメ

長年にわたり医師不足や低医療費の問題を訴え続けてきましたが、数年前から医療分野だけでなく生活保護引き下げ反対や最低賃金引き上げ、さらに憲法25条を守る等の市民活動にも参加するようになり、医療だけに止まらず、すべての社会保障分野でサービスの削減や個人負担増が断行されてきたことを知りました。

「医療費亡国論」という言葉に象徴されるように、我が国では社会保障予算は先進国最低に抑制される一方、公共事業には莫大な予算が投じられてきたのです。しかしその事実が国民に知らされないまま、社会保障が財政赤字の原因とずっと犯人扱いされてきました（57ページ、**図２－１**参照）。

さすがに先進国最高だった公共事業予算も１９９０年中盤頃から削減が開始されました。しかし時すでに遅く、野放図につくり続けた道路や橋梁等のツケが回って、国交省はこれらの維持管理・更新にかかる経費が２０１３年度で３・６兆円、２０２３年度には４・２～５・１兆円、２０３３年度には４・６～５・５兆円に膨らむと推計しています。

ところが維持管理費だけでも重荷となる公共事業予算は、五輪やリニア新幹線などでまた増大の

一途をたどりそうです。大手ゼネコンを利するコンクリート最優先の構図が変わらない限り、社会保障予算削減がこれからも続くことは間違いありません。

(2) 情報の共有と幅広い連帯が不可欠

先にも触れましたが、今までも日本でも多くの市民や団体が、医療だけでなく生活保護や年金等のそれぞれの分野で改善を求めて粘り強く署名や陳情・行政訴訟等の活動を行ってきました。しかしより広い視野で考えれば、もし日本がデンマーク等の福祉国家のように医療や介護が無償で提供される国であれば、現在の生活保護や年金の受給者の可処分所得は増加することになります。それぞれが個別の分野だけでなく、社会保障全体のバランスが取れた改善を目指して、分断されずに連帯して行動することが必要です。

さらに社会保障分野だけでなく、他の国内問題で活動している人々との連携も不可欠と痛感しています。安保関連法（戦争法）と社会保障充実はコインの裏表で、戦争法が強行採決されて以降、防衛予算が年々増加の一途をたどり、一方で21年の医療法改正では75歳以上の窓口負担が1割から2割に倍増が決定されたように、個人負担増と社会保障予算がさらに削減を求められていることからも明らかです。社会保障分野以外にも原発再稼働、戦争法や共謀罪、さらに憲法改悪の問題等々、日本の政治をより良い方向に変えていくための共闘が求められています。

2 Follow the money、ショック・ドクトリンに騙されるな

⑴ ショック・ドクトリン

『ショック・ドクトリン――惨事便乗型資本主義の正体を暴く』は、カナダのジャーナリスト、ナオミ・クラインが２００７年に世に問うた一冊で、世界中で30数ヵ国語に翻訳され日本では東日本大震災が起きた半年後に出版されました（岩波書店、２０１１年９月）。

ショック・ドクトリンとは「惨事便乗型資本主義すなわち大惨事につけこんで実施される過激な市場原理主義改革」で、アメリカ政府とグローバル企業が戦争、津波やハリケーンなどの政変や自然災害などの危機につけこんで、あるいはそれを意識的に招いて、人びとがショックと茫然自失から目覚める前に、およそ不可能と思われる過激な経済政策を強行することとされています。

その源はケインズ主義に反対して徹底的な市場至上主義、規則撤廃、民営化を主張したアメリカシカゴ学派の経済学者ミルトン・フリードマンで、シカゴ学派は投資家の利益を代弁し、「大きな政府」や「福祉国家」を攻撃し、国家の役割は警察等最小限にして他はすべて民営化し市場の決定に委ねよとしました。

ナオミ・クラインは過激な荒療治の発想に、個人の精神を破壊して言いなりにさせる「ショック

療法」=アメリカCIAによる拷問手法が重なるとして、「真の変革は、危機状況によってのみ可能となる」と述べたミルトン・フリードマンを批判し、「ショック・ドクトリン」は人間の不幸を「利益のチャンス」の餌食に変える新自由主義の脅威で、現代の最も危険な思想と訴えました。

(2) 日本版ショック・ドクトリン!

①東日本大震災

政府は震災復興のために2011年度から5年間で19兆円が必要と試算し、所得税、住民税、法人税増税を決定しました。所得税は2013年1月から25年間2・1%上乗せ、法人税は2012年4月以降3年間減税を実施した上で税額の10%を追加徴収、住民税は2014年度から10年、年間1000円も引き上げたのです。

復興予算は震災の復旧・復興のための特別会計(東日本復興特別会計)で、国民も「被災者のためなら」と受け入れました。しかし蓋を開けてみると被災地のガレキ処理や生活再建に限定されるはずの予算が「沖縄の国道整備事業(6000万円)、海外の青少年の被災地視察(72億円)等に加えて、被災地以外も対象の中小企業設備投資補助(2950億円)」、「被災地以外の道路整備や官庁施設、公営住宅の耐震化という「全国防災」名目の予算4827億円」、さらに「反捕鯨団体シー・シェパードによる妨害活動対策(23億円)」等々に流用されたことが明らかとなっています。

②東京オリンピック

東日本大震災発生1ヵ月後に再選された石原慎太郎都知事は、２０１１年7月に「復興・コンパクト五輪」と銘打って２０２０年オリンピックへの立候補を決定しました。

招致委員会は五輪開催で全国では2兆９６００億円、東京都内で1兆６７００億円の経済波及効果がある等「バラ色の試算」を２０１２年6月に発表し、8月には平泳ぎの北島康介ら71人を擁して約50万人を集めた国内最大級の銀座パレードを行ってオリンピック招致ＰＲを成功させました。

翌２０１３年7月に滝川クリステルがスイスのローザンヌで「お・も・て・な・し」とスピーチ、9月に安倍総理はブエノスアイレスで「フクシマはunder control」と述べて２０２０年東京開催を勝ち取りました。

ところが副知事時代から「２０２０年五輪はほとんど40年前の施設を使うので世界一カネのかからない五輪」と発言し、都知事就任後も予算削減を断行していた猪瀬直樹氏は、徳洲会グループからの５０００万円の資金提供問題で都知事の椅子を追われました。続いて２０１４年2月に誕生した舛添要一都知事も「コンパクト五輪」を目指しましたが、知事公用車や政治資金家族旅行問題で２０１６年6月に都知事辞職に追い込まれました。そして「都民ファースト」を訴えて当選した小池百合子氏が当初は予算削減を試みたものの、２０１９年12月4日の会計検査院による18年度までの6年間の五輪関連支出約1兆６００億円、これに東京都が明らかにしている五輪関連経費約８１００億円を加えると、五輪開催経費は3兆円超、さらにマラソン札幌開催経費、そして新型コロナ危機による1年延期による関連予算も加えると「五輪開催経費」は「3兆円」どころか「4兆円」も視野に入ったとされたのです。そして新型コロナの第5波の中で、無観客に近い状況で断行されたオリ・パラの経費の総額はいまだ闇の中です。まさに「コンパクト・復興五輪」で得をしたのは誰なのでしょう。

③北朝鮮ミサイル危機

２０１6年12月には２０１７年度政府予算案と「税制改正」大綱が閣議決定され、２０１７年度の一般会計総額は過去最高の97兆４５４７億円に膨れ上がりましたが、高齢化等により自然増が必然な社会保障費は、5年で３・４兆円の機械的削減が決定される一方、軍事費は過去最大の５兆１２５１億円（16年度から７１０億円増）となりました。

２０１8年度の一般会計総額も97兆７１２８億円と6年連続で過去最大を更新しましたが、生活保護で支給される食費などの生活扶助は２０１８年秋からの3年間で総額１６０億円程度の引き下げが検討され、北朝鮮ミサイルに対応が必要として1基１０００億円近いイージス・アショア２基の導入等で軍事費は5兆３０００億円を超えようとしていました。そして２０２1年度は、基地攻撃能力の将来的保有につながる項目が多く盛り込まれ、５兆３４２２億円となって7年連続で過去最大を更新しています。

(3)　ショック・ドクトリンでいったい誰が得をする

新型コロナ感染に対して配布されたマスクの購入や、持続化給付金などの事業でも明らかとなりましたが、膨大な予算が関連大企業や官僚の天下り先へ、そして政治献金として政治家の懐に還流する一方、生活保護引き下げや高齢者医療費窓口負担倍増に象徴されるように、声を上げにくい弱者への予算はさらなる引き下げが断行されている実態が見えてきます。まさにFollow the money、クレプトクラシー（収奪・盗賊政治）を止めなければ、国民第一の政治など夢のまた夢なのです。

3　温故知新、歴史に学べ

温故知新①――先人の証言

「医療費亡国論」という医療費削減のルーツを示し、私に温故知新の重要性を気づかせてくださったのは高岡善人先生でしたが、先生のお話はまさに目から鱗でした。

(1)　高岡善人先生の遺言

高岡先生は１９３９年に東大医学部を卒業、１９５９年から長崎大学医学部の内科教授を務め、退官後、山口県の病院の院長を経験、1993年6月に『病院が消える――苦悩する医者の告白』（講談社）で、日本医療の問題にいち早く警鐘を鳴らしていた方です。

高岡先生から戦後の厚生行政等についてお話を伺いましたが、その中でも医療再生を目指していた私にとって特に印象に残ったのが次の2点でした。

高岡善人先生（1915~2008.7）

①最も優秀な学生は厚生省に入らない？

「戦後の東大生は全国で一番結核患者が多かった。ある時結核で長期入院している成績優秀な法学部の学生に将来の進路を尋ねると『これだけ長く休んでいれば大蔵省や通産省には入れないから民間に行きます』と答えた。優秀な生徒は厚生省や文部省を選ばない。」

日本一優秀とされている東大法学部のトップクラスの学生の将来の進路には厚生省も文部省も入っていなかったのです。東大卒でない一般人にはとうてい想像できないヒエラルキー（階層）が省庁間に存在し、その結果日本の医療費は先進国最低に抑制されていたのです。

そういえば東大卒の評論家の立花隆氏が、今でも日本の官僚は戦前戦中の陸海軍と全く変わらずに、いつ卒業したか・成績は何番目だったかという「年次・席次」が一生その人物の昇進や地位に影響すると指摘して日本の官僚のあり方に疑問を呈していました。

②厚生省では医療費を抑制したら偉くなれる？

また、厚生省官僚自身が「医療費亡国論」を唱えていることも話してくださいました。

「『このまま医療費が増え続ければ国家がつぶれるという発想さえ出ている。これは仮に〝医療費亡国論〟と称しておこう」と厚生省保険局長の吉村仁氏は『医療費をめぐる情勢と対応に関する私の考え方』（社会保険旬報、1983年3月）という論文で主張した。日本の医療費削減の方向性を決定づけた吉村氏は省内で強大な力を持っていて、厚生省に入省した自分の後輩は吉村氏の主張に疑問を呈して、北海道に左遷されるほどだった。」

１９８９年から栗橋病院に赴任して地域医療の現場で医師不足を痛感し、１９９８年から医療制度研究会に参加して、初めて日本の低医療費と医師不足の問題に驚いた私ですが、長らく医師として真面目に働いてさえいれば、「お上」が悪いようにするはずがないと信じ込んでいました。ところが厚生官僚自身が「医療費亡国論」を主導し先進国最低の医療費の立役者だったのです。

受験戦争の勝者が年次席次で各省庁に入省し、財務省の意向に逆らえない厚労省の官僚は、より良い医療政策よりも、安上がりの医療を追求せざるをえない。これでは日本の医療を良くしたいと志して医学部卒業後に厚労省に入省した医系技官がいくら頑張っても、医療崩壊阻止は困難なはずでした。そして新型コロナ禍の中、厚労省は全国４００以上の公立・公的病院の再編・統合と23年度からの医学部定員削減を決定したのです。

(2) 日本の病院は西南戦争（財政問題）で運命が決まった

「清川病院史（平成5年7月1日）」でした。そこには明治から今に続く日本の医療を決定づけた歴史が記されていたのです。

「医療費亡国論」の資料に続いて高岡先生が渡してくれた資料は「清川病院史（平成5年7月1日）」でした。そこには明治から今に続く日本の医療を決定づけた歴史が記されていたのです。

明治時代、日本は逸早くドイツ医学を採用し、近代国家建設の目的にそって官公立病院を中心にその建設を進めていました。西南戦争が起きた1877（明治10）年には官（7）、公（64）計71病院に対して私立35病院となっていたのです。ところが西南戦争後の激しいインフレ終息のため松方正義（1835－1924）がデフレ政策をとり、地方財政の行き詰まりから、ほとんどの県で県立病院が閉鎖され、1888（明治21）年には公立225病院、私立339病院となって、欧米諸国には見られない公私立病院逆転珍現象が起きたのです（**表2－1**）。

明治時代の医療政策は、①教育病院は最高の医療機関（文部省管轄）、②一般医療は民間主体、③公的医療は財政難で簡単に切り捨てというものでしたが、それは当時から150年近く経った今も変わっていません。

今回の新型コロナ危機でも、感染患者の受け入れを積極的にしないとして、病院が悪者にされた時期がありましたが、日本の公的病院の割合は20％程度と、世界でも極端に少ないのです（**表2－2**）。いざという時に対応できる公的病院が少なかったことが自宅死亡を招く結果となったのです。新型コロナで大問題となっ

表2－1　西南戦争前後の病院数

病院の区分	1877（明治10）年	1888（明治21）年
官立・公立	71（官7、公64）	225
私　　立	35	339

出所：筆者作成。

表2－2　医療提供者の所有形態

	プライマリケア	病院（括弧内は病床数）
日　本	大半が民間	主に民間非営利（～80％）、公的（～20％）
アメリカ	民間	非営利（～70％）、公的（～15％）、営利（～15％）
イギリス	大半が民間、限られた数のNHS所有の施設で雇用された医師が勤務	大半が公的、一部民間
フランス	民間	大半が公的（キャパシティーの67％）、一部民間営利（25％）、民間非営利
ドイツ	民間	公的（～50％）、民間非営利（～33％）民間営利(~17%)
中　国	民間／公的が混在（民間の村レベルにおける診療所、町レベルにおけるGPサービスを提供するコミュニティ病院）	公的（～55％）、民間（～45％）混在（主に公的が過疎地域で展開し、都市部では公的と民間が展開）

（出所）厚生労働省「平成28年度 医療施設経営安定化推進事業　海外における医療法人の実態に関する調査研究報告書」2017年、p.38。

た医療崩壊の現実を無視して、今でも全国400以上の公立・公的病院再編統合や都立・公社病院の独法化が進められようとしていますが、まさに、「財政難で医療を切り捨てる」という政治が変わっていないのです。

(3)　渋沢栄一の官尊民卑批判

私が最後に高岡先生にお会いしたのは、高岡先生が入院されていた東京老人医療センター（現・地方独立行政法人東京都健康長寿医療センター）の病室でした。同センターは1873年（明治6年）に「養育院」として創立され、日本資本主義の父とされる渋沢栄一（1840～1931）が長らく院長を務めた施設です。残念なことに高岡先生は面会の2ヵ月後に他界されましたが、病床で私に渋沢栄一の資料を手渡してくださったのです。

渋沢栄一
(1840.3.16〜1931.11.11)

高岡先生から渋沢栄一の勉強をしなさいという遺言と考えた私は、渋沢栄一の『論語と算盤』(国書刊行会、1916年)を手に取りました。そして渋沢が当時の経済人に「道徳経済合一論」の真骨頂である「金儲けだけでは駄目だ、論語に立ち返って社会貢献も考えなければならない」と訴えていたこと、そして「時期を待つの要あり」で官尊民卑について苦言を呈していたことを知ったのです。

「私は日本今日の現状に対しても、極力争ってみたいと思うことがないでもない、いくらもある、なかんずく日本の現状で私の最も遺憾に思うのは、官尊民卑の弊がまだ止まぬことである、官にある者ならば、いかに不都合なことを働いても、大抵は看過されてしまう、たまたま世間物議の種を作って、裁判沙汰となったり、あるいは隠居をせねばならぬような羽目に遭うごとき場合もないではないが、官にあって不都合を働いておる全体の者に比較すれば、実に九牛の一毛、大海の一滴にも当らず官にある者の不都合の所為は、ある程度までは黙許の姿であるといっても、あえて過言ではないほどである。これに反し、民間にある者は、少しでも不都合の所為があれば、直ちに摘発されて、忽ち縲絏《るいせつ》の憂き目に遭わねばならなくなる。」

渋沢が嘆いていた「官尊民卑」こそ、「医療費亡国論」のルーツだったのです。

⑷　明治天皇の「済生勅語」

私が外科医を引退するまで四半世紀勤務した栗橋病院は、明治天皇が１９１１年（明治44年）に「済生勅語」を下されて設立された社会福祉法人恩賜財団済生会の病院です。この「済生勅語」にも「医療費亡国論」のルーツが隠されていました。

「済生勅語」の大意

「私が思うには、世界の大勢に応じて国運の発展を急ぐのはよいが、我が国の経済の状況は大きく変化し、そのため、国民の中には方向をあやまるものもある。

政治にあずかるものは人心の動揺を十分考慮して対策を講じ、国民生活の健全な発達を遂げさせるべきであろう。また、もし国民の中に、生活に困窮して医療を求めることもできず、天寿を全うできないものがあるとすれば、それは私が最も心を痛めるところである。これらの人たちに薬を与え、医療を施して生命を救う――済生の道を広めたいと思う。その資金として、ここに手元金を提供するが、総理大臣は私の意をくみとって措置し、永くこれを国民が活用できるよう希望するものである。」

〈「済生勅語」原文〉

朕惟フニ世局ノ大勢ニ随ヒ國運ノ伸張ヲ要スルコト方ニ急ニシテ　經濟ノ状況漸ニ革マリ人心動モスレハ其ノ歸向ヲ謬ラムトス政ヲ為ス者宜ク深ク此ニ鑒ミ倍々憂勤シテ業

明治天皇
(1852.11.3～1912.7.30)

ヲ勧メ教ヲ敦クシ以テ健全ノ發達ヲ遂ケシムヘシ若夫レ無告ノ窮民ニシテ醫藥給セス天壽ヲ終フルコト能ハサルハ朕カ最軫念シテ措カサル所ナリ乃チ施藥救療以テ濟生ノ道ヲ弘メムトス茲ニ内帑ノ金ヲ出タシ其ノ資ニ充テシム卿克ク朕カ意ヲ體シ宜キニ随ヒ之ヲ措置シ永ク衆庶ヲシテ頼ル所アラシメムコトヲ期セヨ」（明治44年2月11日）

「済生勅語」が発せられた1911年当時は、維新政府が富国強兵策を進め日清・日露戦争で勝利したものの、国民の多くは貧困に苦しんでいました。そのような状況を嘆いた明治天皇が「国民の中には方向をあやまるものもある」と政治を預かる者に苦言を呈していたのです。「生活に困窮して医療を求めることもできず、天寿を全うできないものあるとすれば…」は、1911（明治44）年の勅語でしたが、現在の「格差拡大・シングルマザー・子供食堂、そして新型コロナ感染による自宅療養（自宅放置）による死亡…」。明治時代と21世紀の今の政治もまったく変わっていない、それが哀しい日本の現実なのです。

温故知新②――明治維新を支えたアヘンマネー

2018年は明治維新150年として維新を主導した各地で数々の催しが計画され、NHKも大河ドラマで西郷隆盛を取り上げました。さて私もそうでしたが、ほとんどの日本人は明治維新を良いイメージで捉えているのではないでしょうか。それは坂本龍馬、高杉晋作、吉田松陰など維新の志士たちが、欧米列強の植民地化から日本を救った歴史的快挙、美談と考えているからだと思います。しかし冷静に分析すれば、当時まだ20～30代だった若者たちに、２６５年も続いた江戸幕府に終止符を打つ力（金や経験）があったとは思えません。ここでは繰り返される維新のドラマで創り上げられた頭をリセットして、維新前夜の世界を振りかえってみたいと思います。

(1)　グラバーとジャーディン・マセソン商会

19世紀初頭、英国は大英帝国として世界を席巻し、アジアでは英東インド会社が清国から茶と陶磁器・絹を輸入し、インドへは綿織物を輸出、そしてインドで栽培したアヘンを清国へ輸出していました。これが有名な「三角貿易」ですが、その後英東インド会社に代わってアヘン輸出の主役に躍り出たのは、英東インド会社の元船医だったウィリアム・ジャーディンがジェームス・マセソンと中国広州に設立したジャーディン・マセソン商会でした。明治維新の28年前、１８４０年の第一次アヘン戦争は、中国とアヘン貿易で問題が発生した時、同商会が英国議会にロビー活動を行って大英帝国艦隊を清に展開させて発生した戦争だったのです。

その約10年後の１８５３年、浦賀に米国東インド艦隊司令長官マシュー・ペリーが黒船で現れ、日本は幕末に突入します。このドラマに必ず登場するのが、今も長崎の観光地として有名なグラバー邸の主人、グラバー商会のトーマス・ブレーク・グラバーですが、彼こそアヘン貿易で巨万の富を得たジャーディン・マセソン商会が日本に送り込んだ代理人でした。１８６１年に設立されたグラバー商会は坂本龍馬を介して武器販売を行い、倒幕に決定的な影響を与えた1866年の薩長同盟を支えることになります。

(2) 木戸、伊藤ら長州ファイブも英国が

1868年に江戸城が無血解放され、会津戦争や函館戦争で旧幕府軍を鎮圧した維新政府は、未だ国内各地に残る不平士族等の国内問題を西郷隆盛らに託し、岩倉具視率いる使節団を明治4年から1年10ヵ月にわたって米国と欧州に送りだしました。岩倉のほかに木戸孝允、山口尚芳、伊藤博文、大久保利通をはじめとする「薩長を中心」に組織された使節46名の目的は不平等条約の見直しでしたが、欧米の情報を入手する術の少なかった時代、この使節団のメンバーが帰国後日本政治の中枢で活躍することになったのは至極当然の結果でした。

ジャーディン・マセソン商会はこの使節団のメンバーで、1885年(明治18年)に日本で第1回帝国議会が開催された時の初代内閣総理大臣となった伊藤博文にも多大な影響を与えています。伊藤は維新の5年前の1863年に長州ファイブ(伊藤博文・井上馨・遠藤謹助・山尾庸三・井上勝)の一員として英国留学を果たしましたが、この5人の面倒をみたのもグラバーとジャーディン・マセソン商会だったのです。英語も満足にできぬままロンドンの地を踏んだ20代の若者が、明治維新政府の中枢を占めた後も一生涯にわたって英国に大きな恩義を感じ、強い影響を受けていたことは想像に難くありません。

(3)　消された四民平等主義者たち

実は明治維新当時にすでに現在の民主主義に通じる「四民平等」を目指していた人々がいました。上田藩の兵学者で議会政治と立憲主義の理念を示した赤松小三郎、土佐の坂本龍馬、佐賀藩出身で日本司法の父とされた江藤新平、そして薩摩の西郷隆盛です。

しかし残念なことに、4人はいずれも不幸な運命をたどることになります。赤松小三郎は大政奉還の1ヵ月前に京都で暗殺され、坂本龍馬は大政奉還の1ヵ月後に「京都土佐藩邸目前の近江屋」で中岡慎太郎と会談中に暗殺されました。江藤新平は司法卿として「今清盛」と呼ばれるほど権勢をふるっていた井上馨大蔵省長官（長州）の尾去沢鉱山私物化事件や、後に日本軍閥の祖と言われる山縣有朋（長州）の山城屋和助事件を追及したものの、逆に佐賀の乱で罪を問われて1874年（明治7年）に処刑されました。そして、西郷隆盛は征韓論の論争に敗れて下野を余儀なくされ、西南戦争で1877年（明治10年）に自刃に追い込まれています。

(4)　藩閥政治、長州一人勝ち

四民平等を考え・訴える人々が次々に粛清された後の維新政府の実態はどうなったのでしょうか。ふと気になって明治初期の内閣総理大臣の出身を確認したところ、大変興味深い事実に気づきました。初めのうちこそ長州と薩摩が交代で総理大臣を務めていますが、その後長州の1人勝ちとなっているのです（西園寺公望は公家出身ですが伊藤博文の腹心の部下）（表2－3）。

表２－３　明治初期の歴代総理大臣

～薩長藩閥政治──→長州政治へ～

藩閥	代数	任　期	氏　名
長　州	第 1 代	明治 18.12.12～21. 4.30	伊藤　博文
薩　摩	第 2 代	明治 21. 4.30～22.10.25	黒田　清隆
長　州	第 3 代	明治 22.12.24～24. 5. 6	山縣　有朋
薩　摩	第 4 代	明治 24. 5. 6～25. 8. 8	松方　正義
長　州	第 5 代	明治 25. 8. 8～29. 8.31	伊藤　博文
薩　摩	第 6 代	明治 29. 9.18～31. 1.12	松方　正義
長　州	第 7 代	明治 31. 1.12～31. 6.30	伊藤　博文
肥　前	第 8 代	明治 31. 6.30～31.11. 8	大隈　重信
長　州	第 9 代	明治 31.11. 8～33.10.19	山縣　有朋
長　州	第 10 代	明治 33.10.19～ 3. 5.10	伊藤　博文
長　州	第 11 代	明治 34. 6. 2～39. 1. 7	桂　　太郎
公　家	第 12 代	明治 39. 1. 7～41. 7.14	西園寺公望
長　州	第 13 代	明治 41. 7.14～44. 8.30	桂　　太郎
公　家	第 14 代	明治 44. 8.30～大正 1.12.21	西園寺公望

百姓の家に生まれて足軽の養子となった伊藤博文は４回、同じく足軽の生まれの山縣有朋も２回総理大臣を務めましたが、二人とも長州出身です。山縣は山城屋事件で汚職の原点とも見られています。奇しくも21世紀に森友・加計学園や桜を見る会などの疑惑を払しょくできないままに、憲政史上最長の総理となった政治家も長州、今の政治のルーツは明治維新にあったと言えそうです。

⑸　樹液を吸い取る長州政府

四民平等主義者の一人である佐賀藩の江藤新平は、日本にフランス式の司法制度の導入を試みた人で、日本司法の父とされています。佐賀の乱で梟首《きょうしゅ》となる前に、同郷の副島種臣と交わした会話が遺されています（日下藤吾『民権の火柱　江藤新平』叢文社、１９９０年11月１日）。

副島が言うあの連中とは長州人を指している。その長州人の言い分はこうだった。「われわれ長州藩は関ヶ原の合戦（１６００）に敗れて領地を三分の一にカットされ、それから２７０年間敵である徳川に恨みの一太刀を報いんため、臥薪し嘗胆する苦しみに堪えて来た。鳥羽・伏見の戦に続く戊辰の戦で、われわれは藩の資金を投入し藩士の血を流した。その結果が今の新政府だ。利権は270年間堪え忍んで来た屈辱と血の犠牲に対する当然の償いではないか」

新平はこう言った「奴ら薩長人は国家と言うこの苗木を丹精して育てるよりは、その樹液を吸い取ることだけを考えている。これでは苗木はやがて栄養不良で枯死することは避けられん」司法省の予算問題：大蔵大輔の井上は半額の45万円に削減した。陸軍省の要求額は全額ノーカットで査定されたのである。ところが、新平を怒らせる材料はまだあった。井上の主宰する大蔵省の省予算はそれこそ気の遠くなるような巨額であった。「これでは、まるで長州政府じゃないか」

「樹液を吸い取る長州政府」、まさに国民に負担だけはしっかりと押し付ける一方で社会保障サービスは切り捨てる、まさに菅義偉総理が強調した「自助」の政治です。

4　グローバルスタンダードと比較する

２０１６年5月、映画「マイケル・ムーアの世界侵略のススメ」が公開されました。今までの作品、２００２年コロンバイン高校銃乱射事件、２００４年同時多発テロ事件、２００７年医療制度等に見られる権力批判とは異なり、ムーアが〝世界のジョーシキ〟を略奪するという視点で描かれた秀作です。

ムーアがヨーロッパで見たのは、イタリアは年間8週間も有給休暇があって昼休みは2時間、フィンランドは宿題がないのに学力は世界トップクラス、ドイツは休日に上司が部下に連絡すると法律違反、フランスは小学生の給食がフレンチのフルコースでフレンチフライを食べない等々で、市場原理最優先の米国から見れば羨むべき現実でした。

私はこの映画を観て、ムーアが「世界侵略のススメ」で訴えたかったのは、米国が抱えた問題をグローバルスタンダードと比較して見直すことの重要性だったに違いないと感じました。さてムーアの視点で日本の社会保障を振り返ると、その問題点が明らかに浮かび上がります。

何度も述べてきましたが、財政赤字の元凶のように悪者にされている日本の社会保障予算は実は先進国最低、一方、公共事業予算はずっと先進国で断トツ一位でした。まずはこの事実をしっかりと認識しないと話が始まりません（図2-1）。

さらに国民一人当たり社会支出額の国際比較はわが国の実状を見事に表しています（図2-2）。日本の貧困関連支出（障害・労災、家族、失業、積極的労働政策、住宅、生活保護その他）は決定的に遅れているのです。これが今回の新型コロナ感染による、弱者の生活困難を増大させたことは間違いありません。

よく日本では、低負担低福祉などと言われ、民主党政権時代には子ども手当を「バラマキ」と野

図2－1　世界の公的資本形成（一般政府総固定資本形成の対GDP比）

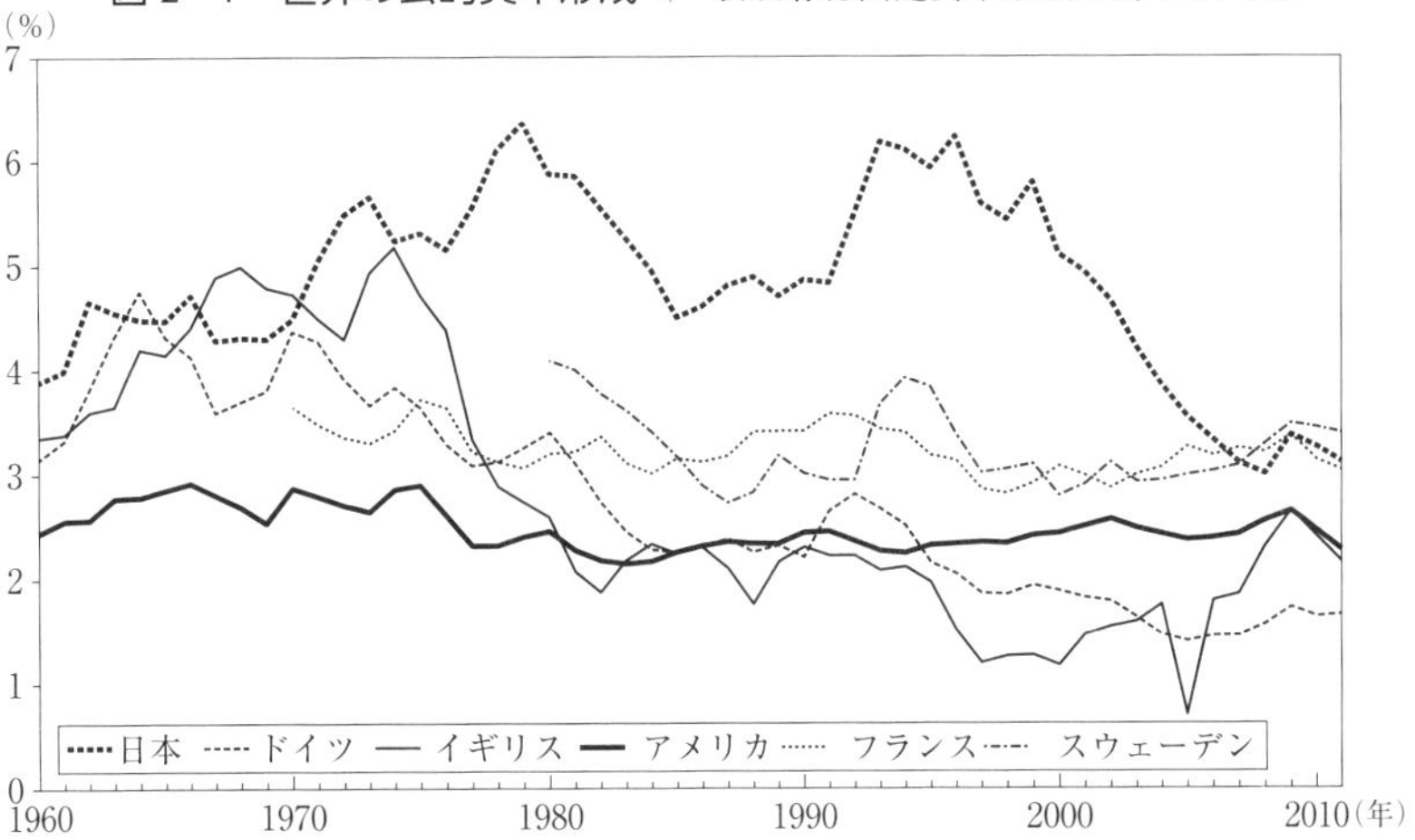

（注）1991年までのドイツは西ドイツの値
（出所）OECD Statistics. 内閣府「国民経済計算確報」を基に作成。

図2－2　9分野別国民一人当たり社会支出額の国際比較（2015年）

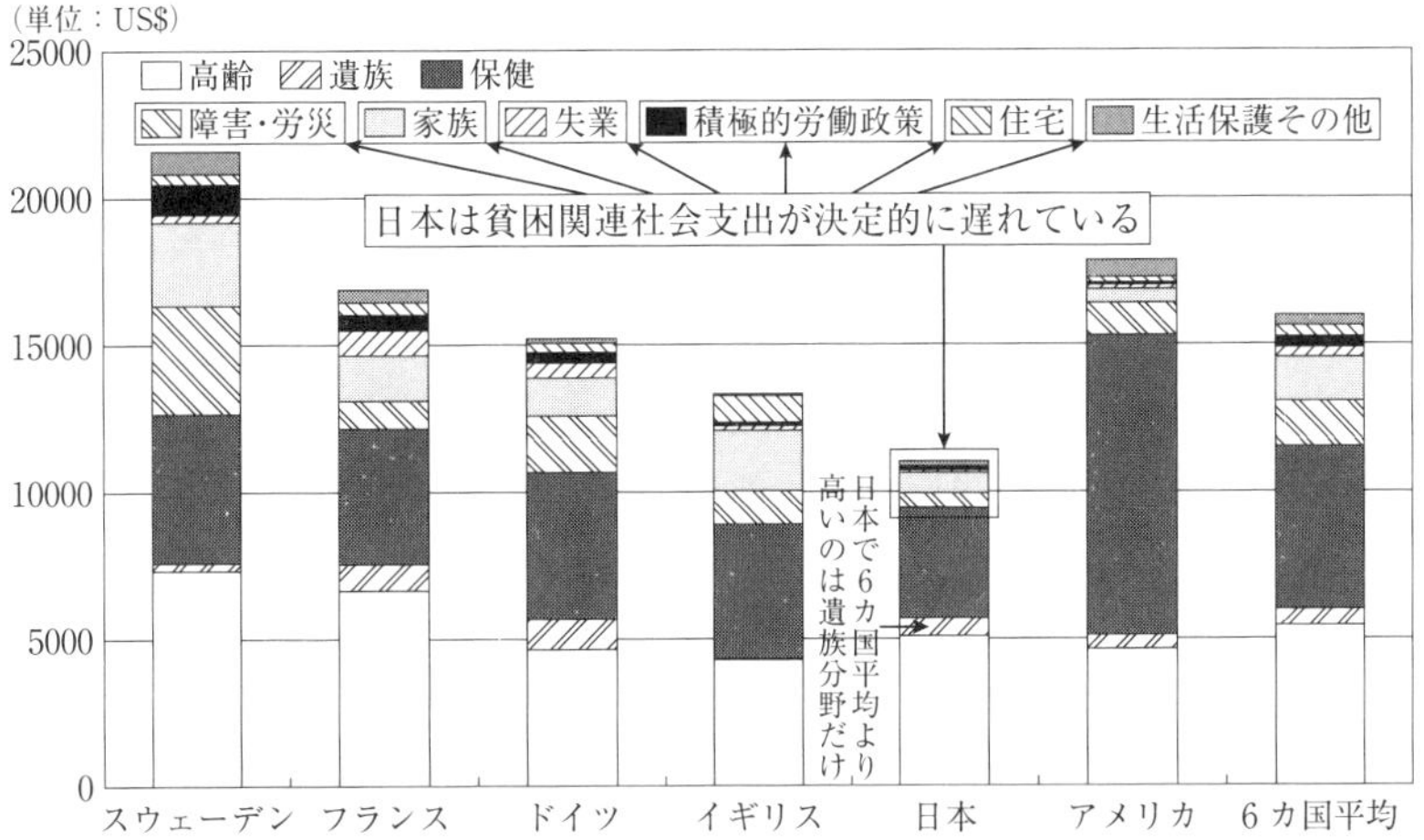

（出所）唐鎌直義「視点　コロナ禍とこれからの日本の社会保障」『月刊　保険診療』医学通信社、2020年11月号より筆者作成。

表2－4　日本とスウェーデンの国民負担率比較（対 GDP 比）

		スウェーデン	日　本
租税・社会負担率	（A）	51.6%	26.8%
一般政府財政収支	（B）	2.1%	−5.5%
修正国民負担率	（C＝A－B）	49.5%	32.2%
社会保障給付金	（D）	31.0%	14.7%
修正国民純負担比率	（E＝C－D）	18.5%	17.6%
公財政支出教育費	（F）	6.6%	3.6%
再修正国民純負担比率	（G＝E－F）	11.9%	14.0%

（注）再修正国民純負担比率の算出方法は、以下のとおり。
・再修正国民純負担比率＝租税・社会負担率－一般政府財政収支－社会保障給付金－公的支出教育費
（資料）OECD (1998) Benefits and Wages publication series.
（出所）内閣府経済社会総合研究所「スウェーデン企業におけるワーク・ライフ・バランス調査」(2005年7月)。

党やメディアは攻撃しました。しかし少し古いデータではありますが、内閣府経済社会総合研究所「スウェーデン企業におけるワーク・ライフ・バランス調査」（２００５年７月）によれば、日本人の「国民負担率（租税・社会負担率）」は、表面上こそスウェーデンの51・6％に対して26・8％と低いものの、社会保障給付金や公財政支出教育費等を加味して「再修正国民純負担率」を算出すると、高福祉高負担国家のスウェーデンの11・9％より高い14・0％となっているのです（**表2－4**）。

「国民負担率が低いから社会保障充実は困難、充実を望むなら消費増税」という誤魔化しを許さないためには、「再修正国民純負担率」に注目して「日本の社会保障給付費は米国以下で、実質国民負担率は福祉国家より高い」という事実を幅広く社会に拡散する努力が求められるのです。

実は勤務医を辞めて現在の活動に邁進するために、61歳から年金受給を開始しましたが正直その額の少なさにびっくりしています。２０１９年６月には金融庁が公的年金制度に頼った生活設計だ

表２－５　グローバル年金指数ランキング（2020）
～総合指数によるランキング（マーサー社）～

国　名	総合指数値	サブ指数値		
		十分性	持続性	健全性
オランダ	82.6	81.5	79.3	88.9
デンマーク	81.4	79.8	82.6	82.4
イスラエル	74.7	70.7	72.4	84.2
オーストラリア	74.2	66.8	74.6	85.5
フィンランド	72.9	71.0	60.5	93.5
シンガポール	71.2	74.1	59.9	82.5
ノルウェー	71.2	73.4	55.1	90.3
スウェーデン	71.2	65.2	72.0	79.8
カナダ	69.3	68.2	64.4	77.8
ニュージーランド	68.9	65.5	62.9	82.9
ドイツ	67.3	78.8	44.1	81.4
スイス	67.0	59.5	64.2	83.1
チリ	67.0	56.5	70.0	79.6
アイルランド	65.0	74.7	45.6	76.5
英国	64.9	59.2	58.0	83.7
ベルギー	63.4	74.6	32.4	88.9
香港特別自治区	61.1	54.5	50.0	87.1
米国	60.3	58.9	62.1	59.9
マレーシア	60.1	50.1	58.6	78.0
フランス	60.0	78.7	40.9	57.0
平均	59.7	60.9	50.0	71.3
コロンビア	58.5	62.5	45.5	70.5
スペイン	57.7	71.0	27.5	78.5
サウジアラビア	57.5	59.6	51.6	62.4
ペルー	57.2	59.5	49.2	64.6
ポーランド	54.7	59.9	40.7	65.9
ブラジル	54.5	72.6	22.3	70.7
南アフリカ	52.8	43.0	45.7	78.3
オーストリア	52.1	64.4	22.1	74.6
イタリア	51.9	66.7	18.8	74.4
インドネシア	51.4	45.7	45.6	68.7
韓国	50.5	48.0	53.4	50.3
日本	48.5	52.9	35.9	59.2
中国	47.3	57.4	36.2	46.7
インド	45.7	38.8	43.1	60.3
メキシコ	44.7	36.5	55.8	42.2
フィリピン	43.0	38.9	53.4	34.8
トルコ	42.7	44.2	24.9	65.3
アルゼンチン	42.5	54.5	27.6	44.4
タイ	40.8	36.8	40.8	47.3

（出所）マーサー「グローバル年金指数ランキング」（2020年度）より作成（https://www.mercer.co.jp/newsroom/2020-global-pension-index.html）2021年10月25日閲覧。

けでは資金不足に陥る可能性があり、人生１００年時代を見据えた資産形成を促す「人生１００年時代、２０００万円が不足」という報告書をまとめ話題になりました。今年（２０２１年）の10月には「老後の資金がありません！」という映画が劇場公開されるようですが、果たして海外もそうなのでしょうか。日本の年金を世界と比較したところ、その実態が明らかとなりました。グローバル年金指数ランキング（マーサー社）によると、日本の年金は世界最低クラスだったのです（表２－５）。

その後、講演で年金についても話をするようにしましたが、年金者組合に加入しているメンバーでさえこの事実を聞いて驚く方がまだいるのです。

日本が世界最低なのは年金だけではありません。最低賃金も生活保護捕捉率も世界最低レベルなのです。日本の社会保障をグローバルスタンダードと比較して見直し、広く訴え続けなければ、市民がクレプトクラシー（収奪・盗賊政治）の問題に目覚めることは不可能です。

第3章　報道の自由度とメディア・リテラシー

＊メディア・リテラシー（media literacy）：世の中にある数え切れないほどの沢山の情報メディアを主体的に読み解いて必要な情報を引き出し、その真偽を見抜き、活用する能力のこと。「情報を評価・識別する能力」。（ウィキペディア）

1　報道の自由度とメディア・リテラシー

前章では医療崩壊をはじめとした多くの困難な問題を諦めないで解決するためには、①木を見て森を見ずではダメ、全体像を把握せよ、②Follow the money、いったい誰が得をする、③温故知新、歴史に学べ、④グローバルスタンダードと比較する、という4つの視点が重要と解説しました。これら4つの視点を活かすためには考える基盤となる情報がポイントとなります。

(1)　報道の自由度と投票率の深い関係？

国民に情報を発信する日本のメディアは「社会の木鐸」（社会の人々をめざめさせ教え導く人）の機能を果たしているでしょうか。国際ＮＧＯ「国境なき記者団」（本部・パリ）は２０２１年４月に発表した「報道の自由度ランキング」２０２１年版で、日本のメディアを含む１８０ヵ国・地域のうち、前年より一つ低い67位としています（**図３－１**）。今回の日本の状況に関する説明で目新しいのが、菅義偉首相について「報道の自由をめぐる環境を改善するために何もしていない」という評価が加わった点で、引き続き記者クラブの問題が指摘されましたが、日本メディアの多くが、この点を引き続き「スルー」しました。

図3－1　日本の報道の自由度ランキング推移

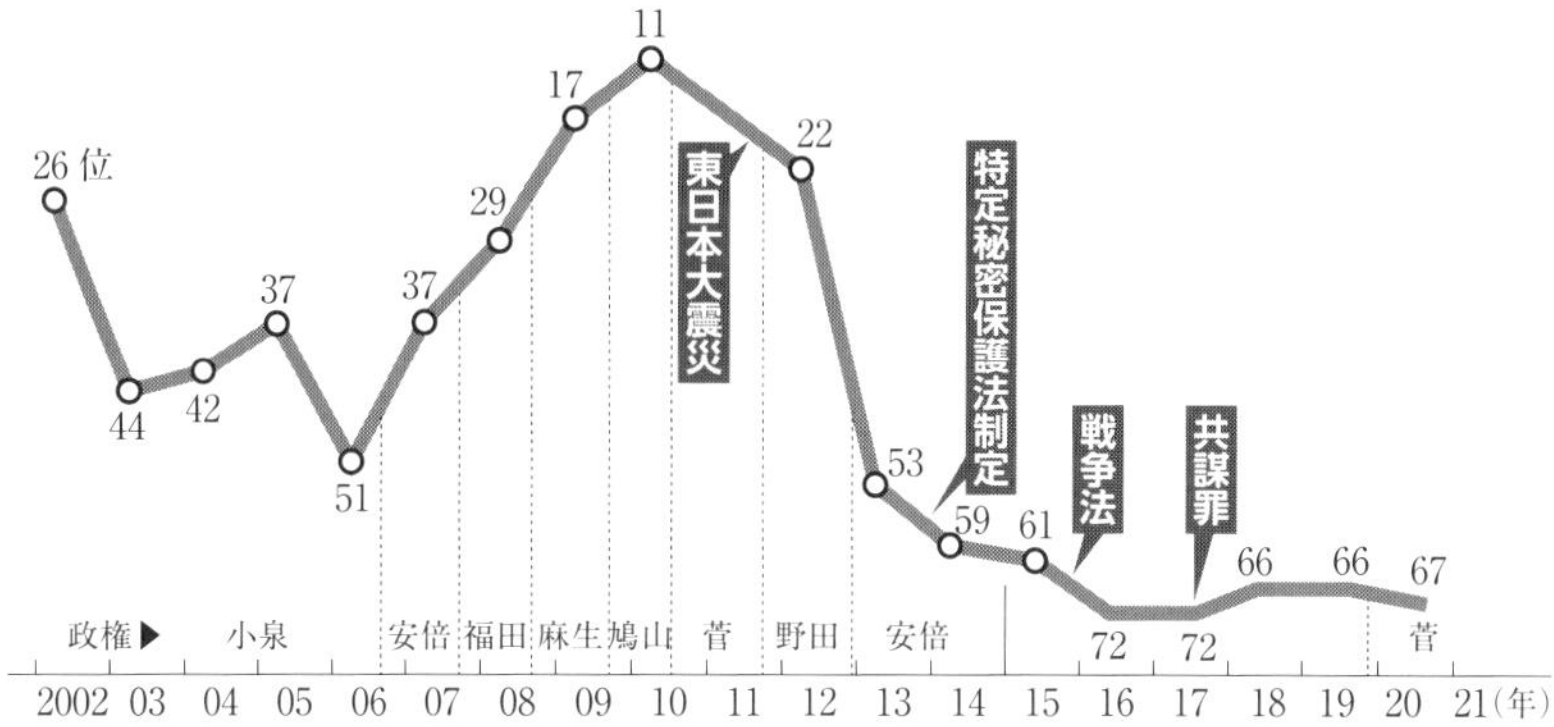

（注）2011、12年は2年分を12年に発表
（出所）国境なき記者団（RSF）及び首相官邸ウェブサイトより著者作成。

　不思議なことに民主党が政権交代を果たした当時は、日本の報道の自由度は世界11位と高かったのに、安倍政権に交代後はどんどん低下し、その間に特定秘密保護法や安保関連法（戦争法）、そしてついに共謀罪までもが強行採決されました。報道の自由度のグラフが頭にあった私は、2019年4月27日に放送された「上田晋也のサタデージャーナル」の「平成30年間　政治への関心は」というコーナーを見て驚きました。報道の自由度ランキングのカーブと、衆院選投票率のカーブがほとんど同じだったからです（**図3－2**）。報道の自由度の低下と、投票率には強い関係がありそうです。

　私は2021年10月の総選挙直前、自民党総裁選一色の報道が気になって仕方がありませんでしたが、残念ながら戦後3番目の低投票率でした。

(2)　メディア・リテラシー

　多くの日本のメディアが政府の監視役という役割を放

図３－２　平成の30年間の衆議院選挙の投票率推移

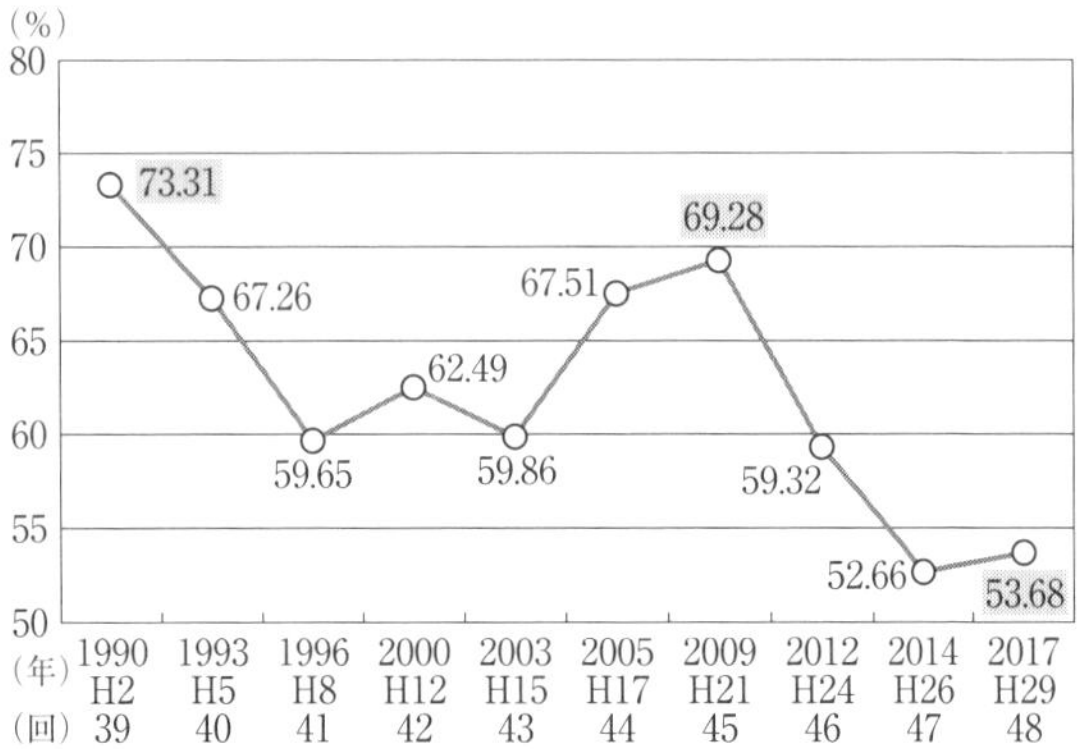

（注）1　平成８年より、小選挙区比例代表並立制が導入された。
2　平成12年より、投票時間が２時間延長になり、午後８時までとなった。
3　平成17年より、期日前投票制度が導入された。
4　平成29年より、選挙権年齢が18歳以上へ引き下げられた。

（出所）総務省ウェブサイトより作成（https://www.soumu.go.jp/senkyo/senkyo_s/news/sonota/ritu/）2021年10月25日最終閲覧。

棄して、報道の自由度がＧ７中最下位に甘んじていることは大変に深刻な問題です。しかしさらに悩ましいのが日本人のメディア・リテラシー（情報を評価・識別する能力）の問題です。**図３－３**は新聞や雑誌に対する国民の信頼度の国際比較ですが、日本人は約70％と先進国の中で群を抜いて新聞や雑誌を信頼しています。

恥ずかしながら福島県郡山市に生まれた私も40歳を過ぎる頃までは、「ＮＨＫや読売新聞等の大手メディアは常に正しい情報を伝えているはずだ」と信じて疑いませんでした。ところが２０００年頃から医療事故や医師不足などが大きな社会問題となって、頻繁にメディアの取材を受けるようになってから、殆どのジャーナリストが医療に関する正確な情報を持ちあわせていない現実を実感しました。さらに驚いたのは、私が各種のデータを提供しながら一所懸命説明した事実よりも、彼らが優先して報道するのは厚労省記者クラブ発の官製情報だったことです。

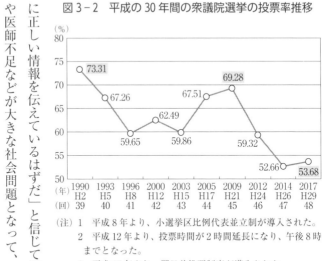

図3－3　G7諸国の新聞雑誌信頼度

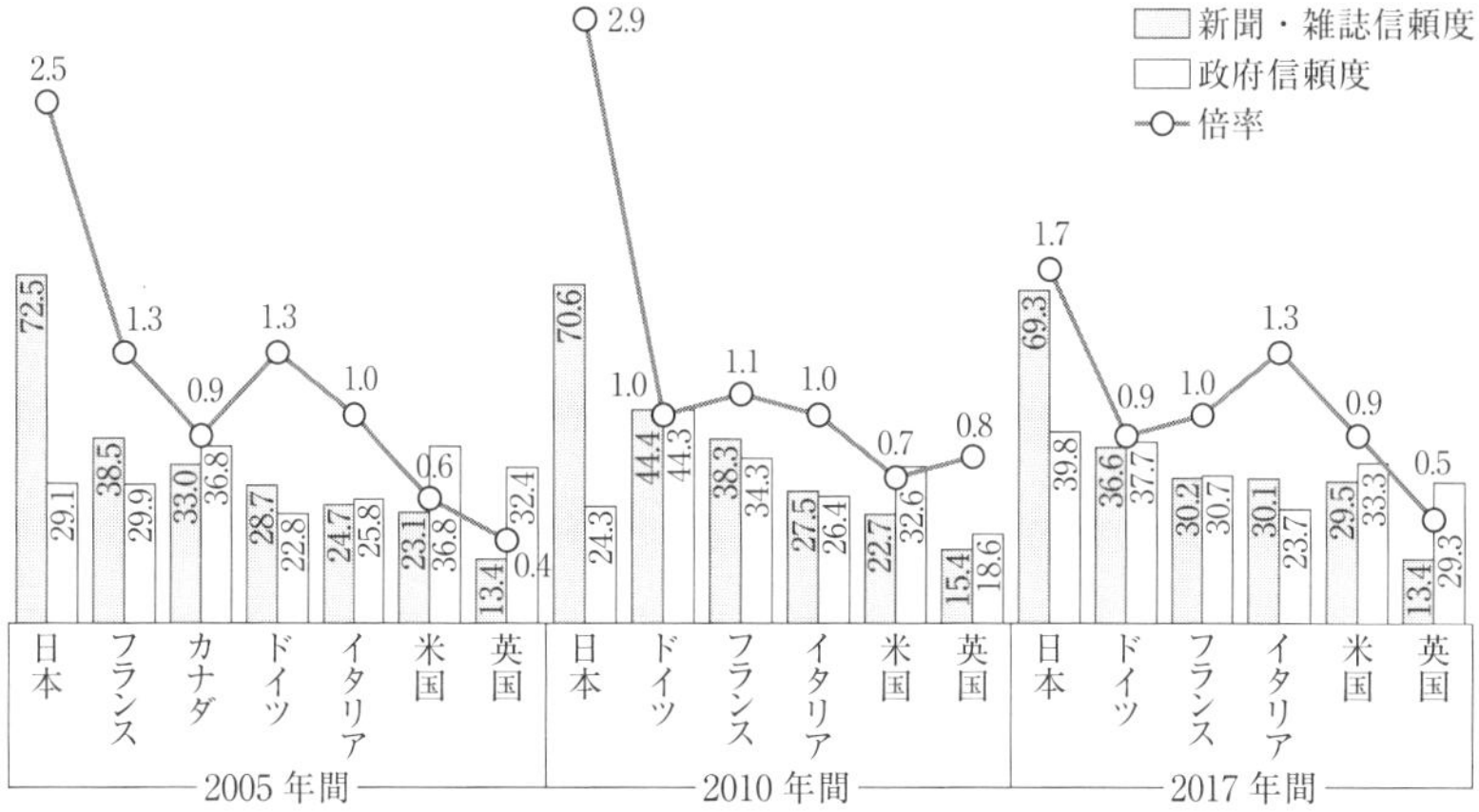

（注）国の並びは新聞・雑誌信頼度の高い順。　（資料）World Values Survey HP
（出所）社会実状データ図録（https://honkawa2.sakura.ne.jp/3963.html）2021年10月25日閲覧。

このような経験を経て、私は「この情報は正しいのか、何か裏や目的がないのか、情報の発信者は誰なのか、なぜ今報道されるのか」等々を考えながらニュースを見るようになりました。この数年を振り返っても、国会等で特定秘密保護法や共謀罪、森友・加計問題などの重要な案件が審議されている時に限って、突然政治家や有名スポーツ選手のスキャンダル、芸能人のドラッグや不倫等の問題が大々的に取り上げられていました。その観点からすると野党の臨時国会召集を無視して行われている自民党総裁選に偏った報道を見ても嘆かわしい限りです。

私が十数年以上繰り返し医師不足の原因は絶対数不足と訴えても、医師不足の原因は偏在と主張する財務省や厚労省に勝てなかった背景には、お上の意向を「忖度《そんたく》」するメディアとそれを素直に信じてしまう国民のメディア・リテラシーの問題があったのです。

しかし幸い、現在はTwitterやFacebook、インスタグラム、YouTubeなどが普及し、個人もその気になれば情報発信が可能な時代となりました。日本が抱えた数多くの問題を解決したいと活動している市民が協力して、幅広く情報を収集・発信・拡散させる努力を続ければ、社会保障崩壊、戦争法、原発再稼働や辺野古基地移転等々の問題を解決に導くことも夢ではありません。これからも諦めずに講演や論文投稿に加えて、ＳＮＳ等を駆使した情報発信も続けたいと思っています。

2　情報操作の実例①——医師数編

なぜ日本のメディアの報道の自由度ランキングが先進国最低と評されるのか、医師不足報道の実例を挙げて説明したいと思います。

(1)「医師不足じわり解消…10年後、先進国平均に」は本当？

２０１５年7月1日、読売新聞は「医師不足じわり解消…10年後、先進国平均に」として**図３－４**を紹介しながら、２０２５年以降になると日本の医師数はＯＥＣＤ平均を超えて、医師不足が解消するかのような報道をしました。

おそらくこの記事を見た殆どの国民は、長らく問題となっていた日本の医師不足も、２０２５年以降にはＯＥＣＤの平均を凌駕して全国の医師不足は解消する、そう安心したのではないでしょうか。

しかし私は違いました。それは十数年日本の医師数が先進国最低に抑制されてきた問題を広く訴えてきた関係で、この図の不自然さを一瞬で見破ることができたからです。読売新聞の図は、２０２５年に日本の医師数が追いつくとされるＯＥＣＤ平均の医師数が「２０１１年のまま」変化しないことを前提としていたのです。本当にＯＥＣＤの医師数は今後増加しないのでしょうか。

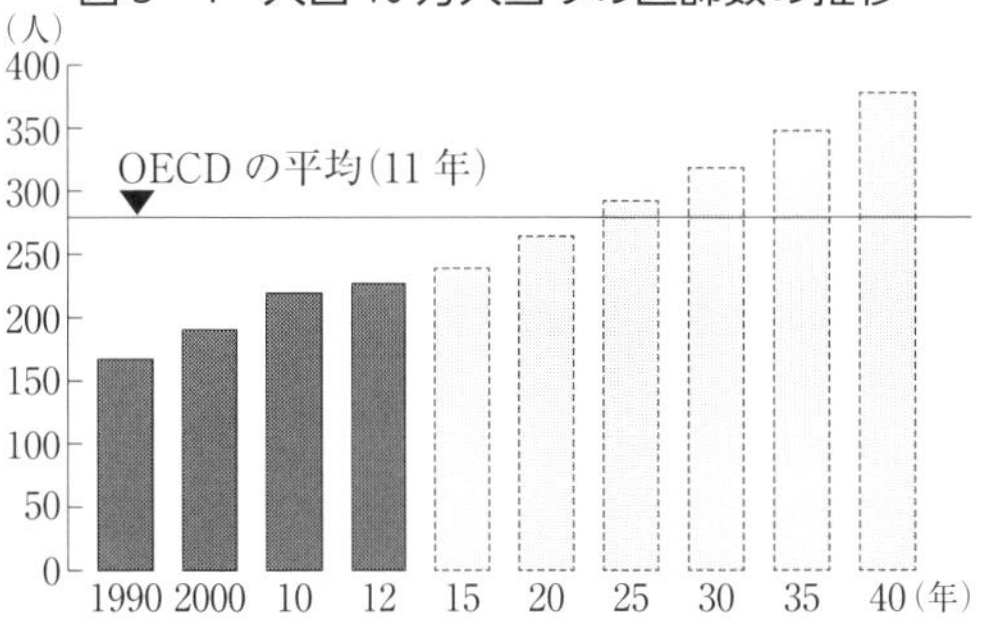

図３－４　人口10万人当りの医師数の推移

＊厚労省まとめ。2012年までは医療機関で勤務する医師数の集計値。15年以降は推計値。

（出所）読売新聞「医師不足じわり解消…10年後、先進国平均に」2015年７月１日（http://news.goo.ne.jp/article/yomiuri/life/20150701-567-OYT1T50094.html）。

⑵　「ＯＥＣＤ加盟国における医学部卒業生数の人数」は最低レベル

たまたま私はこの記事の１ヵ月前に『月刊保険診療』という医療系の雑誌で「メディカル・スクールとＰＡ導入で医師の増員と負担軽減を」（『月刊保険診療』２０１５年６月号）という論文を発表していました。

本論文で私は日本の医師の絶対数不足を補うためには、医学部新設を含めた抜本的医師増員が必要最低条件であること、新設する医学部は一般大学を卒業した学士を４年間の医科大学院で臨床中心の教育を行う、世界的に定

図3-5　OECD加盟国における人口10万人当たりの医学部卒業生数(2017年)

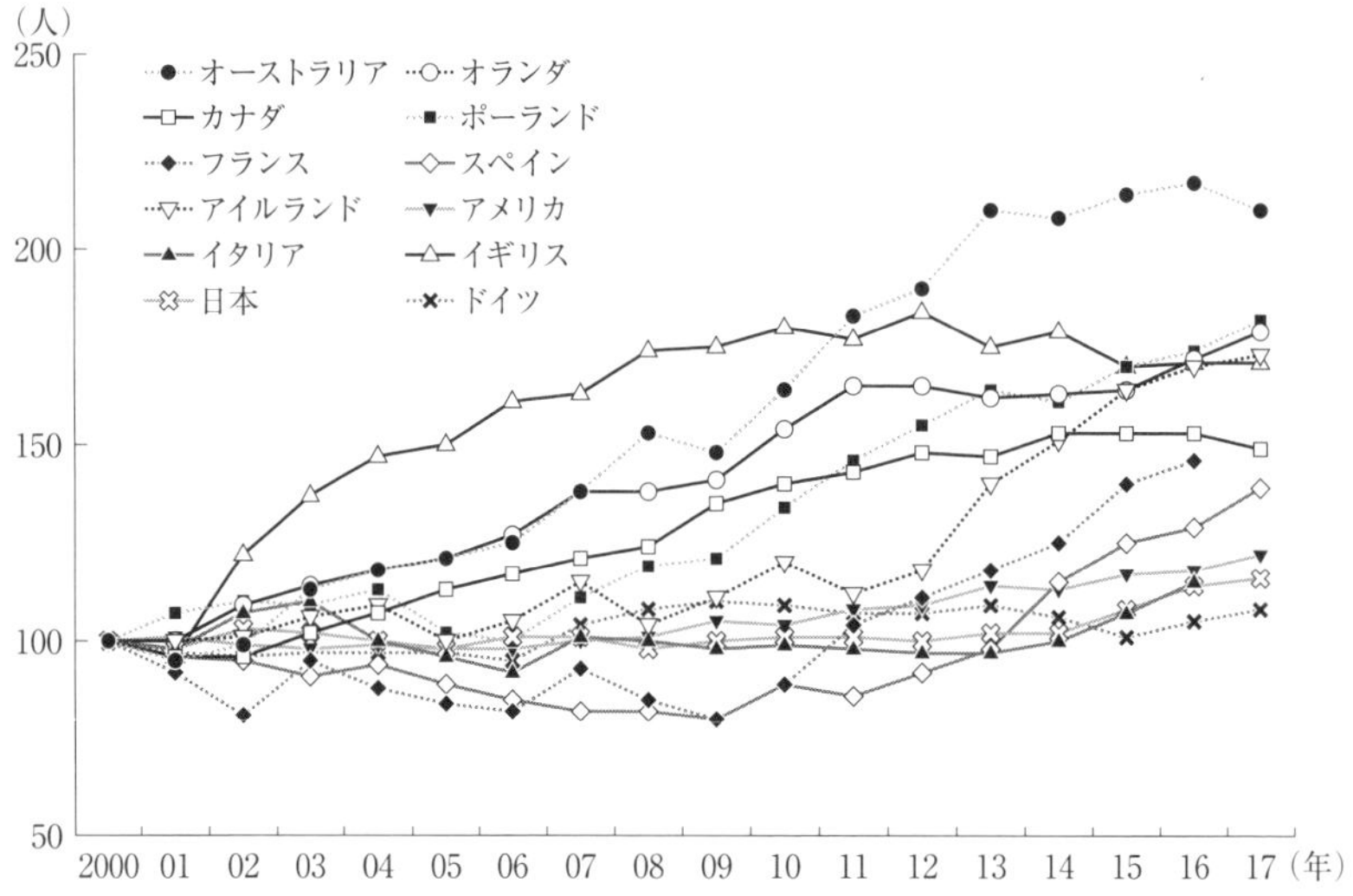

(注) 2000年時点の各国の卒業生数をそれぞれ100とする。
(出所) OECD「Health at a Glance 2019」より筆者作成。

評がある米国のメディカル・スクール型が望ましいこと、さらに医師の監督のもとに診察、薬の処方、手術の補助など、医師が行う医療行為の8割方をカバーする医療従事者であるフィジシャン・アシスタント(PA: physician assistant)の導入が急務であることも強調しました。ちなみに、現在アメリカでは12万人近いPAが活躍し、イギリスもすでに導入、カナダやオーストラリアなどでも実現しつつあります。

そしてこの論考で、私が医師不足の実態を強調するために用いた図が「OECD加盟国における医学部卒業生数の人数の推移」です(**図3-5**)。この図をご覧いただければ、日本の医学部卒業生増加数(入学数でないことに注意)は、G7の中で医師数が一番多いために医学部卒業生数を抑制していると思われるドイツを除けば、先進諸国と比較して極端に少ないことが一目瞭然です（119ページ、**図5－9**）。そして読売新聞のＯＥＣＤ平均の医師数が今後も増加しないという前提が誤りであることがご理解いただけると思います。

如何でしょうか、２つの図を比べてご覧いただければ、読売新聞は厚労省がまとめたデータを検証せずにそのまま報道し、結果的に日本の医師不足について誤った事実を伝えていたことが理解していただけると思います。しかし医療系の雑誌や２０２１年３月の衆院厚労委員会の参考人として強調した私の「ＯＥＣＤ加盟国における医学部卒業生数の人数の推移」が広く国民に届くことは現実には至難の業で、読売新聞の「医師不足じわり解消…10年後、先進国平均に」が幅広く浸透してしまう。それが日本の実態なのです。そして２０２０年11月には「医学部定員23年度から段階的に減らす方針「地域枠」は拡充」という厚生労働省の方針が報道されました。（「読売新聞オンラインニュース」２０２０年11月19日）

3　情報操作の実例②――医療費編

(1)　医療費40兆円を突破

２０１５年９月３日の朝、テレビ東京はモーニングサテライトで「医療費40兆円を突破　昨年度診療報酬の削減焦点」という日本経済新聞の記事を紹介しました。おそらく当時この番組を見た殆どの人は、「日本の医療費は高騰が止まらない、診療報酬削減を急がなければ」、そう思ったはずです。私はこの放送を見て、財務省が医療費高騰を強調して医療費抑制を狙っていると感じました。同時に先に紹介した医師数の報道と同様、お上の発表をよく検証もせずに報道するメディアの姿勢に怒りを感じたのです。

この報道の何が問題かというと、まずは前項の医師数に関する報道で指摘した通り、「医療費40兆円」という数字だけを強調して、グローバルスタンダードと一切比較していないことです。番組が「40兆を突破」と強調した医療費ですが、実は日本のGDP当たり医療費をOECD加盟国平均と比較すると、今までずっと平均以下で今回初めて平均を少しだけ超えたレベルにすぎないのです。日本の医療費は厚生省保険局長が1983年に「医療費亡国論」を主張して以来、長年にわたって抑制につぐ抑制の憂き目にあってきました。その結果、先進国最高の高齢化社会を迎えながらもOECD平均以下に抑制されていたのです（116ページ、**図5－6**参照）。ところが初めて日本の医療費がOECD平均を超えた時点で、「医療費40兆円を突破」と大々的に新聞やテレビで報道されて、さらなる医療費抑制が声高に叫ばれたのです。

(2) 国民医療費の詳細を報じないメディア

さらに私がメディアの姿勢で問題と感じるのは、「40兆円を突破」と煽る医療費の内訳について全

表３－１　財源別国民医療費

財　源	2018年度		2017年度		対前年度	
	国民医療費（億円）	構成割合（％）	国民医療費（億円）	構成割合（％）	増減額（億円）	増減率（％）
総　　数	433,949	100.0	430,710	100.0	3,239	0.8
公　　費	165,497	38.1	165,181	38.4	316	0.2
国　　庫 1)	109,585	25.3	108,972	25.3	613	0.6
地　　方	55,912	12.9	56,209	13.1	△297	△0.5
保険料	214,279	49.4	212,650	49.4	1,629	0.8
事業主	92,023	21.2	90,744	21.1	1,279	1.4
被保険者	122,257	28.2	121,906	28.3	351	0.3
その他 2)	54,173	12.5	52,881	12.3	1,292	2.4
患者負担（再掲）	51,267	11.8	49,948	11.6	1,319	2.6

注：1）軽減特例措置は、国庫に含む。
　　2）患者負担及び原因者負担（公害健康被害の補償等に関する法律及び健康被害救済制度による救済給付等）である。
（出所）厚生労働省「平成30年度国民医療費の概況」（https://www.mhlw.go.jp/toukei/saikin/hw/k-iryohi/18/index.html）2021年10月25日閲覧。

く解説していないことです。国民医療費のうち国や地方が負担する公費は38・4％で約16兆円に過ぎません。その他の約61％は事業主と患者が負担する保険料49・4％とその他の窓口自己負担12・3％で公費の割合は少しずつ減っています（表3－1）。

もし日本が英国のように医療費がほぼ全額税金で賄われているのなら別です。しかし「国民皆保険」と言って保険料を徴収し、窓口で成人なら3割負担が強いられている、さらに75歳以上高齢者の医療費窓口負担も1割から2割に倍増が決定される、それが日本の実態です。医療費の内訳を丁寧に説明せずに、あたかも40兆円全額が税金から賄われているように強調して医療費高騰を煽っているのも、広い意味でメディアの情報操作と言えるのではないでしょうか。

⑶　メディア・リテラシー向上が必要な理由

報道の自由度が低く、政府に都合が良い情報が氾濫する日本こそ、国民がメディア・リテラシーを高める努力をしなければなりません。さもなければ国家の財政赤字が莫大だから医療や社会保障削減は不可欠という理屈が今後もまかり通って、先進国最低の社会保障予算がさらに削減され続けることは間違いないからです。

２０１６年は安保関連法が多くの国民の反対にもかかわらず強行採決されましたが、今後も北朝鮮のミサイルを理由にさらなる防衛予算の増大は間違いありません。一方、先進国最低だった医療費は、高齢化による自然増をこれからも「過去最高」と煽られて、ようやくＯＥＣＤ平均レベルとなった医療費削減、そのための全国４００以上の公立・公的病院再編統合、都立・公社病院独法化、そして医学部定員削減が断行されるでしょう。

4　なぜ正論が通らないのか？

⑴　なぜ正論が通らない

十数年にわたる活動を通して痛感するのは、米国のキング牧師の「世界最大の悲劇、善意の人の沈黙と無関心」という言葉の重さ、そして「正論を言い続ければ人はわかってくれる」と信じてきた私の考えが果たして正しかったのだろうかという疑問でした。

この疑問にヒントを与えてくれたのは、オール埼玉総行動で一緒に活動をするようになった市民活動の大先輩でした。ある会合でご一緒した時に、「九条を守る会で10年以上毎週駅前でスタンディングをしましたが、日本会議に負けたのです」と話してくれたのです。

(2)　日本会議という存在

「日本会議」は憲法改正や日本の核武装などを主張する「日本を守る国民会議」と神道系宗教団体の集まり「日本を守る会」が１９９７年5月に統合して発足、安倍晋三元総理が団体の特別顧問を務め、政財界や学界などを網羅して全国47都道府県に本部、３０００を超える地方自治体に支部、国会議員懇談会には自民党を中心に２００人を超える議員が所属する組織のようです。

その綱領に、①我々は悠久の歴史に育まれた伝統と文化を継承し健全なる国民精神の興隆を期す、②我々は国の栄光と自主独立を保持し国民各自がその所を得る豊かで秩序ある社会の建設をめざす、③我々は人と自然の調和をはかり相互の文化を尊重する共生共栄の世界の実現に寄与する、を掲げています。

国民の関心を集めた森友幼稚園の籠池氏はもちろん、この疑惑に関連する人々の多くも日本会議のメンバーで、第三次安倍内閣の全閣僚19名中16名、なんと8割以上が２０２０年9月発足の菅内閣では20人中14人の７割が「日本会議国会議員懇談会」に所属していました。

(3) 保守主義とは何か

なぜ日本では社会保障充実を目指す人々の声が政治に反映されず、海外からは極右とさえ見られている日本会議が勢力を拡大することができたのでしょうか、そのヒントを与えてくれたのが東京大学の政治学者宇野重規氏が著した『保守主義とは何か～反フランス革命から現代日本まで』（中公新書、2016年）でした。

宇野氏は、本書の冒頭で英国の政治思想家で保守主義の父とされるエドマンド・バーク（Edmund Burke 1729年1月～1797年7月）が主張した保守主義は、①具体的な制度や慣習を保守する、②そのような制度や慣習が歴史の中で培われたものであることを重視する、③自由を維持することを大切にする、④民主化を前提にしつつ秩序ある漸進的改革を目指す、の4点であることを紹介し、さらに現在に至る保守主義の流れについて詳細に解説しています。

もちろん、現在改憲を目論んでいる自民党が上記保守主義の定義の観点からすれば本来の保守と言えるか否かは大いに疑問があるところですが、私が本書で一番印象に残ったのは、「社会はなぜ左と右にわかれるのか」というアメリカ合衆国の社会心理学者ジョナサン・ハイト（Jonathan Haidt 1963年～）の視点でした。ジョナサン・ハイトは「人々は自らの道徳や政治的立場を、理性に基づく熟慮によって決定しているわけではない。重要なのは感情による直観である。理屈づけや合理的説明は後からなされるが、最初からそのような理由で決めていると人々は錯覚してしまうのである。」と指摘しているのです。

さらに米国の政治について「共和党のスローガンや政治宣伝、スピーチが単刀直入に直観に訴えるのに対し、民主党の候補者はむしろ理性的で冷たい印象を与えている。道徳基盤は〈ケア〉、〈公正〉、〈自由〉、〈忠誠〉、〈権威〉、〈神聖〉の６つに分類され、いずれも人類が生き残りをはかるために発達させてきたものである。リベラルはもっぱら〈ケア〉、〈公正〉、〈自由〉を重視し〈忠誠〉、〈権威〉、〈神聖〉を無視しがちなのに対し、保守の側は６つをほぼ等しく扱っている。」として、リベラルの主張が理性的なためゆえに「冷たい印象」を与えてしまっていると警告しています。

⑷　当たっているジョナサン・ハイトの指摘

なぜ社会保障充実が重要という正論が通らないのかと自問していた私に、ハイトは大きなヒントを与えてくれました。まず「道徳や政治的立場は、理性に基づく熟慮より、感情による直観が重要」については、自身を振り返ってもおおいに思いあたる節があるからです。

私は両親２人がつつましく働く小さな洋品店の長男として育ち、友だちの誕生パーティなどに呼ばれた時など、裕福な友人を羨望のまなざしで見て育つ環境でした。小学校の時、母子家庭の友人が給食費を忘れたのを厳しく咎める担任教師の対応に、強者が弱者をいたぶる構図を見て子どもながらにも理不尽な仕打ちと感じたことを忘れられません。このような経験が医師になってから、弱者の立場に共感できる感性を育んでくれたことは間違いないと思います。

さらにハイトの指摘「リベラルは忠誠、権威、神聖を軽視しがち」という点についても思い当たる経験をしています。私が育った家庭では歴史や政治的な話題がのぼることは殆どなく、そのため今でもかつて両親や祖母が言っていたようについ「天皇陛下」と口にすることがあります。ところが市民運動の仲間から「陛下なんか言っちゃいけません」と何度も注意をされたのです。たしかに明治維新から先の敗戦まで、皇室の果たした役割を考えれば友人の思いも理解できます。しかし一方で戦後75年が経過した今、象徴としての天皇に親しみを感じる国民も少なくないはず。きっぱり天皇制を否定する人にハイトの言う理性的で冷たい印象を感じる人も少なくないと感じます。

(5)　自分が変わらなければ

〈ケア〉、〈公正〉、〈自由〉を正面に押し出して社会保障充実を訴えるのは正論でしょう。しかし同時に〈忠誠〉、〈権威〉、〈神聖〉という道徳基盤にも十分に配慮して理解をえる工夫と努力を重ねなければ日本の社会は変わらないと思います。外科医を引退して6年近く、正しいことを訴え続ければ必ず人はわかってもらえると信じて愚直に活動してきましたが、相手の感情にも十分に配慮したアプローチと情報発信の際の工夫が必要であることをジョナサン・ハイトが教えてくれました。

5　考えさせない日本の教育

(1)　幸福度世界一、デンマークの若者

少し古い話になりますが、医事評論家の李啓充氏が英国レスター大学の幸福度調査に関連してデンマークの若者の声を紹介していました（緊急論考「『小さな政府』が亡ぼす日本の医療⑧」『週刊医学界新聞』２００８年５月19日）。

「英国のテレビ番組で幸福度世界第１位のデンマーク（国民負担率72・5％：ＯＥＣＤ加盟国１位）の若者が『税金は少し高いけれども、医療費も大学の授業料も無料だし、有給休暇も最低年５週。何も不満はない』と証言した。『大きな政府』の西欧諸国ではこれが『当たり前』なのだ。」

当時、日本の幸福度は世界88位でしたが、日本の貧困度はメキシコと米国に次いで第３位で、世帯内で就労者が２人いても貧困率が高いという特徴が指摘されていました。

(2)　デンマークの初等教育で重視するもの

「税金は少し高いけれども、医療費も大学の授業料も無料だし、有給休暇も最低年５週。何も不満はない」という発言に驚いた２ヵ月後、私の所属する医療制度研究会で「デンマーク医療介護制

度の実際について」という講演が開催されました。演者はデンマーク在住で『福祉の国は教育大国―デンマークに学ぶ生涯教育』（丸善ブックス、２００４年３月）の著者・小島ブンゴード孝子氏でした（第49回医療制度研究会、２００８年7月12日。http://www.iryoseido.com/toukou/kaihou_200808_002.pdf）。お話の要旨を紹介します。

「福祉大国として名高いデンマークは、幼少時からの教育が違う。デンマークの幼児・初等教育で重視しているのは、まずは『よく遊べ』（有名なレゴはデンマーク製：レゴは遊ぶという意）、次に『自立と民主主義』を教えることだ。デンマークは、高度な公共サービスが高負担に支えられ、所得税（国税＋地方税）平均50％、法人税28％、付加価値税25％（日本の消費税に当たり教育のみかかっていない）。消費税としてタバコ、アルコール、自動車等への特別税がある一方、教育は基本的に無料、医療も基本的に無料で薬代の一部が個人負担、福祉は大半の経費を国と市が負担、さらに国民年金は現在65歳以上に支給（徐々に支給開始年齢が引き上げられる予定）される。公共サービスの質向上には合理化・効率化が必要で、デンマーク国民には『税金を無駄遣いしない！』というコンセンサスができている。」

なんとデンマークでは幼児・初等教育で重視するのが「自立と民主主義」です。たしかに個々人が自立して生きるためには、社会保障体制（公助）の整備は不可欠です。そして民主主義をしっかり教育すれば、政治（＝税金の使い方）への関心も高まり、税金を無駄遣いさせない国民となります。デンマークの選挙の投票率が88・８％で世界トップクラスなのは教育の賜物だったのです。

⑶　「喋る」ことに小学校から重点をおくドイツ

新型コロナで講演が中止になって空いた時間を利用してネットを見ていたところ『ドイツの小学生が「デモの手順」を学ぶ理由』という興味深い記事を発見しました（高松平藏氏「東洋経済ONLINE」２０１７年10月22日、https://toyokeizai.net/articles/-/193857?fbclid=IwAR30QGKP57iA1CPgtBsg56OZbc0SaXqp0OiKifAI_m4ujACeFVVTeEU1Cfs）。

そこには、政治に限らず、ドイツの教育はとにかく「喋る」ことに小学校から重点をおくこと。発言の有無が成績にもつながるため、堂々と意見を表明することが「ごく普通」に身に付いていることと、その結果デモクラシーの基本、他者との自由な議論という土壌が小学校から作られることが解説されていました。

さらに私が注目したのは、ドイツではナチス時代の反省を活かして、政治教育に力が注がれていることです。そのためドイツは、「ボイテルスバッハ・コンセンサス」という大原則が１９７６年に作られ、「生徒が自由に発言し政治的に成熟できるよう、教員が生徒を圧倒しないこと」「実際の政治で議論があることは、そのまま授業でも扱うこと」「生徒が自分の関心や利害をもとに政治参加できるよう、能力を取得させること」が徹底されているそうです。

なぜ日本の原発事故を教訓にドイツが脱原発を決めたのか、その理由が納得できました。

(4) スウェーデンは「学校選挙・模擬投票」を実際の総選挙と同じ方法で実施

投票率は政治への関心の目安の一つとして考えるスウェーデンの政治教育にも驚きました（「政治への参画を促す海外の政治教育・主権者教育の事例」(https://www.katsuiku-academy.org/media/active-citizenship/)。

スウェーデンでは過去50年国政選挙で投票率が80％を下回ったことがなく、２０１４年は全体が85・８％、18歳から24歳までの若者は81・３％で若者の投票率が高いのが特徴です。

若者の政治への関心が高いヒントとなるのが１９６０年代から中学・高校で行われている「学校選挙」（＝模擬選挙）で、４年に一度の国政選挙とＥＵ選挙に合わせて、生徒自身が運営・投票する模擬選挙が行われ、実際の選挙の投票に換算されない以外、国全体で集計されるなどほとんど実際の総選挙と同じ方法で行われているのです。

この学校選挙はSkolvalという複数の公的機関を含めた共同プロジェクトによりサポートされ、予算はスウェーデン政府が出し、学校側の大きな費用負担はなく、選挙管理委員会とも連携して運営され、投票用紙も統一されたものが配布され模擬とは思えないほどの徹底されているようです。

もちろん民主主義の本質を維持するため参加は任意のようですが、２０１４年のSkolvalでは50万人以上の学生が投票し、生徒は自分たちの手で学校選挙を開催することを通し、楽しく主体的に民主主義を学ぶ機会が与えられ、それが政治への高い関心へとつながる理由の一つと考えられているようです。

さて日本の教育現場はどうでしょうか。「政治に中立」という名のもとに、リアルな政治教育が不足したままではないでしょうか。いざ投票権を持つ年になって、急に投票の重要性を強調されても、どこに、誰に投票して良いか判断するのは難しいと思います。

⑸　考えさせない日本の教育

デンマークでは自立と民主主義を、ドイツは議論の重要性を、スウェーデンでは「学校選挙・模擬投票」を実際の総選挙と同じ方法で実施していますが、今の日本の教育はどうでしょう。

日本では卒業式の日の丸掲揚や国歌斉唱の強制が問題になっており、教科書も検定された中から教育委員会が採択していますが、欧米では教科書は教員や学校が自由に選択できるのが当たり前のようです。さらに最近では教育委員会に対する国や首長の政治的影響力が強まり、教科書採択にも政治が関与できうる体制が強まっています。

以前から私は漠然と日本の教育に疑問を感じていましたが、先日面白いブログを発見しました。それは鈴木傾城氏の「日本の学校は、考えない人間を５つの方法で生み出している」です（http://www.bllackz.com/?m=c&c=20140116T1554000900）。

『考えない人間を生み出す方法は以下の５つ』

⑴　暗記を押し付けて「考えさせない」

(2) 苦手を押し付けて「考えさせない」
(3) 制服を押し付けて「考えさせない」
(4) 規則を押し付けて「考えさせない」
(5) 団体行動を押し付けて「考えさせない」

「多くの日本人は勘違いしているが、覚えると考えるは別である」と鈴木氏は強調し、「日本では国民の8割がサラリーマンのため学校の重要な使命は上司の言うことをよく聞いて、口答えせず、言われたことを忠実に行い、不満があっても黙々と働き、集団生活を優先するように規格化すること」と日本の教育を一刀両断にしています。

確かに教育こそが国家にとって都合のよい人間を生産できるシステムです。振り返れば医療費抑制の国策の結果の先進国最少の医師数の中で、家庭を犠牲にしてまで黙々と働いてきた私も、「言われたことを忠実に行い、不満があっても黙々と働き、集団生活を優先する」という、考えない教育の賜物だったのです。

第4章　日本の社会保障が充実しない理由

1　不平等が前提？「世界の多様性」に見る日本の特殊性

なぜ日本の社会保障はデンマーク等の福祉国家のように、また厳しい米国の経済制裁下でも医療や教育を無償で提供して有名なキューバのように充実しないのでしょうか。第3章で触れた考えさせない教育、それだけが問題の真相なのでしょうか。

⑴　今までに一番驚いた1冊

ある時ネットを観ていて旧ソ連崩壊やアメリカの衰退などを予告したことで有名なフランスの歴史人口学者・家族人類学者エマニュエル・トッドの存在を知りました。以下に紹介する『世界の多様性～家族構造と近代性』（荻野文隆訳、藤原書店、2008年9月）は、トッドの『第三惑星』（1983年）と『世界の幼少期』（1984年）という2作品を99年に合本化した1冊ですが、トッドは本書で家族構造と社会の上部構造（政治・経済・文化）の連関を鮮やかに示しています。

550ページにものぼる難解な超大作を私が読破できた訳は、書籍に添付されていた「家族類型の分布図（世界）」を見て衝撃を受けたからです。そこでは「外婚制共同体家族」という家族構造をもつ国としてソビエト・中国・ベトナム・キューバ等が分類されていましたが、民族も言葉も宗教も異なるこれらの国々は革命を起こした共産主義国家という共通点を持っていたのです。

⑵　７つの家族類型

トッドは家族構造を相続形態や両親との同居、血縁結婚の有無などから以下の7つに分類しています。

第1は「権威主義家族」で親の財産のすべてを子どもたちのうちの1人が相続し（兄弟間は不平等）、その財産を相続した子どもと両親が同居する（長子相続システム）。いとこ同士の結婚は希少で、日本とドイツや韓国・朝鮮・ユダヤ民族等が分類。

第2は「絶対核家族」で、明確な相続形式の規則がなく、結婚した子どもたちと両親の同居はなく、いとこ同士の結婚もない。アングロ・サクソン世界で、英国やアメリカ、オランダ、デンマークなどが該当。

第3は「外婚制共同体家族」で、相続は兄弟間で平等で、結婚している息子たちと両親が同居し、いとこ同士の結婚はない。該当するのはロシアやスロバキア等の東欧諸国、そして中国、ベトナム、キューバなど。

第4は「平等主義核家族」で、相続は兄弟間で平等で、結婚した子どもたちと両親の同居はなく、いとこ同士の結婚はない。欧州ではフランス北部やイタリアやスペインの一部、ラテンアメリカなど。

表4-1　E・トッドの「7つの家族の類型」と該当国

種類と人口比率	相　続	両親との同居	血縁結婚	該当国
権威主義家族 8%	規則で兄弟間の不平等定義：財産の全てを子どもたちのうちの一人に相続	結婚し相続する子どもと両親の同居（＊日本：長子相続システム）	ふたりの兄弟の子ども同士の結婚僅少、もしくは無し	ドイツ、オーストラリア、スウェーデン、ノルウェー、ベルギー、ボヘミア、スコットランド、アイルランド、フランスの周辺地域、スペイン北部、ポルトガル北部、日本、韓国、朝鮮、ユダヤ、ジプシー
絶対核家族 8%	明確な相続上の規則がない、遺言による相続が多い	結婚した子どもたちと両親の同居は無し	ふたりの兄弟の子ども同士の結婚無し	アングロ・サクソン世界、オランダ、デンマーク（核家族は社会的可塑性・流動性高い）
平等主義核家族 11%	規則で兄弟間の平等定義	結婚した子どもたちと両親の同居は無し	ふたりの兄弟の子ども同士の結婚無し	フランス北部、イタリアの北部と南部、スペインの中部と南部、ポルトガル中部、ギリシャ、ルーマニア、ポーランド、ラテン・アメリカ、エチオピア
外婚制共同体家族 41%＊	規則で兄弟間の平等定義（＊共産主義革命）	結婚している息子たちと両親の同居	ふたりの兄弟の子ども同士の結婚無	＊ロシア、ユーゴスラビア、スロバキア、ブルガリア、ハンガリー、フィンランド、アルバニア、イタリア中部、＊中国、＊ベトナム、＊キューバ、インド北部
アノミー家族 8%	兄弟間の平等は不確定、相続上の平等規則は理論的なもので、実際は柔軟	結婚している息子たちと両親の同居は理論上拒否されているが、実際上受け入れられている	血縁結婚は可能、しばしば頻繁。高い離婚率→教育に悪影響	ビルマ、カンボジア、ラオス、タイ、マレーシア、インドネシア、フィリピン、マダガスカル、南アメリカのインディオ文化：巨大な建造物、侵略に弱い、アモック（殺人的激怒、殺戮）
内婚制共同体家族 10%	規則で兄弟間の平等定義	結婚している息子たちと両親の同居。自殺・私生児最少	ふたりの兄弟の子ども同士の結婚頻繁	アラブ世界、トルコ、イラン、アフガニスタン、パキスタン、アゼルバイジャン、トルクメニスタン、ウズベキスタン、タジキスタン
非対称性共同体家族 7%	規則で兄弟間の平等定義	結婚している息子たちと両親の同居	ふたりの兄弟の子ども同士の結婚禁止、逆に異性の兄弟姉妹の子ども同士結婚奨励	インド南部
アフリカ型諸家族システム 6%			複数婚	家族グループの不安定さ。奴隷制は父親の存在と威力を完璧に破壊

（出所）『世界の多様性～家族構造と近代性』荻野文隆訳、藤原書店、2008年9月、をもとに著者作成。

第５は「アノミー家族」で、相続は兄弟間の平等は不確定で、結婚した息子たちと両親の同居が理論上拒否されているが実際は受け入れられ、血縁結婚も可能でしばしば行われる。カンボジアやタイ、マレーシアやフィリピンなど。

第６は「内婚制共同体家族」で、相続は兄弟間で平等だが、結婚している息子たちと両親が同居し、いとこ同士の結婚が頻繁というアラブ世界やトルコ・アフガニスタン等。

第７は「非対称性共同体家族」で、相続は兄弟間で平等で、結婚している息子達と両親が同居し、兄弟間のいとこ同士の結婚は禁止されているが、異性の兄弟姉妹のいとこの結婚が奨励されているインド南部。

他に、相続や両親との同居が不確定で家族グループが不安定な「アフリカ型諸家族」（表４－１）。

(3)　目から鱗、日本は〝不平等が前提〟の家族構造

日本は親の全財産を原則長子が相続して両親と同居するという「権威主義家族」に分類されていました。確かに自分の家族を振り返れば、私の父は福島県二本松市の呉服店の次男だったため、郡山市に独立して洋品店を開業し、父の弟（私の叔父）は県内の跡取りの男児がいない呉服店に婿入りしました。

そのような家族環境で育った私は、長男が家を継いで両親の面倒を見て、子どもが女性だけの場合は原則長女が婿をとること（サザエさんと同じ）は世界中、少なくとも中国・韓国ほかアジア諸

国では当然行われていると考えていたのです。しかし世界には民族・言語・宗教に関係なく種々の家族構造があり、しかもそれらが地域的に必ずしも集中していないという事実は、まさに目から鱗でした。

確かに日本が「権威主義家族」であるとすれば、日本社会のさまざまな有り様も納得できるのです。日本では家を継ぐ長子が優遇されるため先祖から何代も続く老舗が全国各地に存在しています。一方、次男や三男は家を出て自ら活躍の場を求めざるをえないため、戦前・戦中は、軍隊に入ったり、不退転の覚悟でアメリカ大陸や満州に移住し、戦後は首都圏に上京して日本経済を支えることができたのではないでしょうか。その結果、長子が家業を相続する地方では絶対的な保守王国が形成され世襲議員を輩出し、次男三男が流入した東京や京都・大阪さらに埼玉等では１９７０年代からリベラルな首長が誕生しやすかったと解釈することはできないでしょうか。

実は私が「世界の多様性」に大きな感銘を受けたのは、私が医師になった当初、移植外科医を志していたことにも深く関係しています。私が移植外科医を断念して栗橋病院の外科医として働くことになった理由は、日本では臓器提供が圧倒的に少なく、移植医療の発展は困難と考えたからです。ところが日本は世界標準である他人への臓器提供が極端に少ない一方で、親族間の生体腎や生体肝移植は世界一多く実施されているのです。日本が家の存続を重要視する「権威主義家族」であることを知って、なぜ日本の移植医療が世界と比較してガラパゴス状態となったままなのか、その理由を残念ながら、外科医を引退した後になってようやく納得できました。

⑷　家族構造を前提にした社会保障充実の運動が不可欠

これまで２０１３年11月、２０１５年３月、２０１７年３月の３回、キューバの医療や教育を、２０１７年５月にはデンマークの教育や自然エネルギー等を視察し、日本の社会保障を充実させるためにと、これら国々の素晴らしさを講演等で紹介してきました。しかしキューバの家族構造はロシアや中国と同様に、兄弟間の平等が定義されている「外婚制共同体家族」、デンマークは子どもが結婚すれば全員独立する「絶対核家族」で、いずれも兄弟間の「平等」が基盤の社会だったのです。対して日本は長子の相続を基盤とした社会で、日本人は「不平等」を当然のように受け入れている国民でした。

現在、国会で多数を占める自民党の党是は「自立」で菅前総理も最初に「自助」を強調しました。しかしここで言う自立や自助とはキューバやデンマークのように「社会保障体制を充実させて各人が個々に自立できる国」ではなく「自己責任」の自立です。キューバやデンマーク等の社会保障や教育システムを日本に紹介するだけでは、そもそも「不平等」が当然となっている「権威主義家族」の日本は変わらないのかも知れません。

『世界の多様性』は日本の社会保障充実を目指す人々に、さらなる勉強と工夫が必要ということを気づかせてくれる貴重な示唆を含んでいました。

2　社会保障充実を阻む？　日本人の国民性

私は10年近く前から情報収集と発信のために、積極的にTwitterやFacebookを利用していますが、ある時Facebookで衝撃的な言葉と出会いました。

「いい加減、目覚めなさい。日本という国は、そういう特権階級の人たちが楽しく幸せに暮らせるように、あなたたち凡人が安い給料で働き、高い税金を払うことで成り立っているんです。そういう特権階級の人たちが、あなたたちに何を望んでいるか知ってる？

今のままずーっと愚かでいてくれればいいの。世の中の仕組みや不公平なんかに気づかず、会社に入ったら上司のいうことをおとなしく聞いて、戦争が始まったら、真っ先に危険なところへ行って戦ってくれればいいの。」

この言葉は2005年7月から9月にかけて日本テレビ系列で放送された学園ドラマ「女王の教室」で、強権的にクラスを支配する女教師・阿久津真矢（天海祐希）が、小学校6年の教え子24人との「闘い」の中で発したセリフのようです。ドラマから15年以上が経過しましたが、この間に特定秘密保護法、戦争法そして共謀罪までが強行採決されています。まさに今の日本人の有り様を的確に指摘しているセリフだったと感じるのは私だけではないと思います。

戦後マッカーサーによって民主主義がタナボタで与えられて75年が経過した現在、「女王の教室」以外にも温故知新の視点で日本人の国民性を鋭く指摘した人々に迫りたいと思います。

(1) 愚かな指図や悪い指揮にも簡単に従ってしまう――朝河貫一

私の高校の大先輩に明治時代に渋沢栄一とも親交が深く、その後米国に渡って世界的に評価された歴史学者の朝河貫一がいます。朝河は１８７３年（明治６年）福島県二本松市に誕生し福島県尋常中学（現・福島県立安積高等学校）を経て、東京専門学校（現・早稲田大学）を首席で卒業し、１８９５年（明治28年）大隈重信や勝海舟らに渡航費用の援助を受けてアメリカへ渡りダートマス大学へ編入学、１９３６年（昭和11年）に日本人初のイェール大学教授に就任、その後、同大学の名誉教授となっています。

朝河貫一（1873〜1948）

朝河は日露戦争のポーツマス条約（１９０５年：明治38）後に起こった日本とアメリカの満州・支那に対する対応についての所感を纏めた『日本の禍機』を１９０７年（明治40）に出版していますが、同書で日本の態度について、国際感覚の不足が日本の将来に禍いをもたらすのではないかと厳しく忠告し、「戦いのことについての日本の記事は当地の新聞より短く、本国の日本人には何も知らされていないのではないかと心配です。（事情がよく知らされていない日本では）罪のない忠実な一般の人民が最も気の毒であります。」と苦言を呈しています。さらに日本の国民性について、歴史的な流れをもとに「愚かな指図や悪い指揮にも簡単に従ってしまう傾向がある」と嘆いていたのです。

『日本の禍機』の警告から34年後の１９４１年、日本は大国米国を相手に無謀にも太平洋戦争に突入しました。朝河は第二次世界大戦中もアメリカに残り、フランクリン・デラノ・ルーズベルト大統領に日米開戦の回避、戦争早期終結を働きかけるなどの努力を行いましたが、日本国民は塗炭の苦しみを味わうことになったのです。

(2)　日本人は12歳？——マッカーサー

ダグラス・マッカーサー（１８８０〜１９６４）は１９４５年8月30日から１９５１年4月10日まで日本を占領・統治した連合国最高司令官です。マッカーサーは日本の奴隷的な封建主義が「日本の悲劇」をもたらしたと断言し、日本は20世紀の文明社会ということであるが、実体は、西洋諸国が４００年も前に捨てた封建社会に近い国で、日本の生活には、それよりさらに古くどうしようもないものがあり、殆ど神話の頁をめくるようなもので、日本人は外部の世界がどうなっているか、殆ど理解していないと扱《こ》き下ろしています。一方、アメリカは民主主義の模範であり、民主主義が今日のアメリカの強さをもたらしたと考えて日本に民主主義を根付かせようとしました。

占領中に来日した外交官ジョン・K・エマーソンも「現在、日本人は政治的に無知であるだけでなく、政治に無関心である」とバーンズ国務長官に書き送っているのです（参考『國破れてマッカーサー』西鋭夫、中公文庫、２００５年7月）。

マッカーサーの日本占領は米国内だけでなく日本でも高く評価されるようになっていましたが、１９５０年6月25日に勃発した朝鮮戦争遂行の方針をめぐって米国政府との軋轢が高まり、占領開始後５年８ヵ月が経過した１９５１年４月11日にトルーマン大統領により突然総司令官を解任されました。

帰国のために東京国際空港に向かうマッカーサーの沿道には20万人の日本人が詰め掛け、毎日・朝日の両新聞はマッカーサーに感謝する文章を掲載、東京都議会や日本経済団体連合会も感謝文を発表しました。また、吉田茂首相は「貴官の突然の離日に際し、私は受けた衝撃と悲しみとを貴官に申し伝えるべき言葉を失っております。（中略）日本国民はすべて、天皇陛下から路上の市民に至るまで貴官の離日を惜しんでいます」との書簡を渡したのです（『吉田茂＝マッカーサー往復書簡集』袖井林二郎編訳、講談社現代新書、２０１２年7月）。

帰国後、１９５１年5月3日から始まった米国上院の軍事外交共同委員会で、マッカーサーは人類の歴史において占領の統治がうまくいったためしがないが、例外としてジュリアス・シーザーの占領と自らの日本統治があるとし、その成果により一度民主主義を享受した日本がアメリカ側の陣営から出ていくことはないと強調しました。

さらに、ヴァイマル共和政で民主主義を手にしながら、ナチズムに走ったドイツに関するマッカーサー証言が、現在まで続く日本の種々の問題解決に大きな示唆を与えると思われるので、以下に紹介します。

「ドイツの問題は日本の問題と完全に、そして全然異なるものでした。ドイツ人は成熟した人種でした。アングロサクソンが科学、芸術、神学、文化において45歳の年齢に達しているとすれば、ドイツ人は同じくらい成熟していました。しかし日本人は歴史は古いにも関わらず、教えを受けるべき状況にありました。現代文明を基準とするならば、我ら（アングロサクソン）が45歳の年齢に達しているのと比較して日本人は12歳の少年のようなものです。他のどのような教えを受けている間と同様に、彼等は新しいモデルに影響されやすく、基本的な概念を植え付ける事ができます。日本人は新しい概念を受け入れる事ができるほど白紙に近く、柔軟性もありました。」

(Military situation in the Far East, Corporate Author: United States. 1951)

マッカーサーのこの発言の意図については異論両論あるようですが、この証言が日本に伝わるまではマッカーサーの終身国賓待遇や記念館設立が計画されていたにもかかわらず、国民を初め政府や経済界のマッカーサー熱は一気に冷めて、計画は立ち消えとなったのです。

本書79ページ⑶『「喋る」ことに小学校から重点をおくドイツ』でも触れましたが、戦後に歴史をしっかり検証しEUの中心国となったドイツと、いまでも近隣国との歴史認識問題の軋轢を解決できない日本、その差を喝破していたマッカーサーには心から脱帽です。

⑶　だまされても平気な国民性――伊丹万作

「お葬式」や「マルサの女」の監督として有名な伊丹十三の父伊丹万作（１９００年1月2日～１９４６年9月21日：映画監督、脚本家、俳優）は、１９４６年に「戦争責任者の問題」と題した一文を遺しています。要約して紹介します。

「多くの人が、今度の戦争でだまされていたという。おれがだましたのだといった人間はまだ一人もいない。日本人全体が互いにだましたりだまされたりしていた。

新聞報道の愚劣さや、町会、隣組、警防団、婦人会といったような民間の組織がいかに熱心にかつ自発的に騙す側に協力していたか。

専横と圧制を支配者に許した国民の奴隷根性とも密接に繋がる。

我々は、いま政治的には一応解放された。しかしいままで、奴隷状態を存続せしめた責任を軍や警察や官僚にのみ負担させて、彼らの跳梁を許した自分たちの罪を真剣に反省しなかったならば、日本の国民というものは永久に救われるときはないであろう。

『だまされていた』といって平気でいられる国民なら、おそらく今後も何度でもだまされるだろう。」（『映画春秋』創刊号、１９４６年8月）

(4) 権威に弱く、全体主義の無差別奴隷社会——ライシャワー大使

1961年から1966年まで駐日米国大使を務めた東洋史研究者のエドウィン・オールドファザー・ライシャワー(1910年10月15日~1990年9月1日)は、『日本(過去と現在)』(鈴木重吉訳、時事通信社、1967年)で、日本人を鋭く分析しています。

「当時の日本において、国家主義的かつ権威主義的な反動が起こったことの裏には、当然ながら、数世紀にわたって形成された日本人のある特質があった。

ナショナリズムはつねにくすぶりつづけており、さしてあおり立てずともそれは再び大きく燃え上がったし、幾百年もの武家政治の下にあった日本人は、軍国主義者の主導権主張を唯々としてうけいれた。幾世紀もの間の権威政治におとなしく服していたせいで、たいていの日本人は、再び権威政治を押しつけられることになってもほとんど無関心であった。事実、彼らの多くは、せっかく手に入れた知的・政治的自由にぎこちなさを感じて、むしろもう一度天下り的権威のもとで感情的な安住を得たい、とさえ考えていたのであった。

封建時代から引きつづき残っていた、このような根強い性質が影響したのでなければ、1930年代のあの反動は起こり得べくもなかったろう。しかし、反動そのものが封建政治への復帰という形をとったわけではない。高度に近代化した工業国が、そのような形で過去に逆戻りすることはあり得なかった。日本が選んだのは、かつての西洋のいくつかの国が進んだ道であった。すなわち、それらの国々では、日本と同様、過去の権威政治の精神的遺産が工業化された現代まで

その息吹をつづけ、さらに工業化された現代にまで溶けこみ、ファシズムであれ共産主義であれ、全体主義の無差別奴隷社会を創り出していたのである。」

(5) やっかいな心理、まさかの壁──浜矩子同志社大教授

同志社大学大学院の経済学者浜矩子《のりこ》教授は、安倍政治を「アホノミクスと」と批判して各地で精力的に講演活動を行っていましたが、「アベノミクスと〝大日本帝国〟」と題して、今の日本人の特質を的確に指摘しています（『いつでも元気』２０１７・11号）。

「もうひとつ、やっかいな心理があります。私は全国でアホノミクスの狙いを講演していますが、ゆく先々で『まさかね、考えすぎでしょ』という反応がある。『今時、大日本帝国なんて』と〝善良〟な市民なら、そう考えるでしょう。しかしこの世に〝悪〟があることを、忘れてはいけない。『こんなはずじゃなかった』と思った時はすでに遅し、善良な人々で構成される〝まさかの壁〟を、どう突き崩すか。」

(6) 小泉八雲が看破した「同調圧力」の正体

長年、医師不足や低医療費問題を訴えてき私を、医師仲間でも応戦してくれる人は少ないのが現実です。安全で質が高い医療を目指す努力がなぜ支持されないのでしょう。元外務省官僚で、日本の問題を鋭く指摘している孫崎享氏の『日本国の正体　「異国の眼」で見た真実の歴史』（毎日新聞

出版、2019年）に、その答えを見つけました。

ラフカディオ・ハーンは『神国日本　解明への一試論』〔柏倉俊三訳、平凡社、1976年（原著は1904年英国で出版）〕234ページで次のように述べていたのです。

「日本の教育は、見かけは西洋風でありながら…外見とは全く反対の方式に基づいて行われているのである。その目的は、個人を独立独歩の行動をできるように鍛えるのではなく、個人を共同的行為にむくように、――つまり、厳しい社会機構の中に個人が妥当な位置を占めるのに適するように――訓練を施すことであった。強要抑圧は、（幼児期でなく）後になってから始められ段々締めつけが強まる。（中略）

彼は家族のものとなり、集団のものとなり、政府のものとなっている。公的にはひたすら、命令を遵奉して行動しなければならない。命令にそむくような衝動に屈することは、その衝動が如何に高潔な、或いは道理にかなったことであっても、夢にも考えてはならない。（中略）

彼は人間の奴隷ではないが、一つの制度の奴隷なのである。…そしてたまたま悪い主人に仕えた手腕家なる下役に残されている唯一の道は、辞職をするか悪いことをするか。この二つに一つということになる。強い人なら、勇敢にこの問題に正面からぶっつかりそして辞職をする。ところがこのような強者1人に対して臆病なものが50人いる。

福島県出身で、「ならぬことはならぬものです」の精神で、今まで1600回以上の講演や、執筆活動を続けてきた私は、日本人の50分の1の人間だったようです。

3　社会保障充実のためにどうする

「愚かな指図や悪い指揮にも簡単に従い、精神年齢は12歳で、だまされても平気で、権威に弱く、まさか考えすぎでしょと考える」という国民が、クレプトクラシー（収奪・盗賊政治）を倒して社会保障充実を達成することははたして可能なのでしょうか。

２０１６年５月に埼玉で開催されたある勉強会で、憲法学者で聖学院大学の石川裕一郎教授から大変興味深いお話をお聴きしました。石川教授が２０１６年３月にパリを訪れた際、パリでは労働時間を週35時間から38時間にするという労働法案に反対するデモが行われており、高校生が「夜は働く時間でなくて愛し合う時間」、「夜はセックスの時間であって、働く時間ではない」というプラカードを持って参加していたというのです。石川氏は「もっと悲惨な日本の現状についてこの女子高生に教えたい」とTwitterで呟いていました（写真）。

フランスの高校生デモ
（石川裕一郎氏提供）

私が「日本の高校生がこのようなデモに参加するのは考えられ

ない」と石川氏に質問すると「フランス人は人生を楽しむために働く、日本人は労働それ自体が目的化している」と教えてくれました。労働時間が延長されれば、人生を楽しむことが難しくなる。まさに生活と政治が直結することを考え行動している、それがフランスの高校生なのです。一方、日本では今でも「過労死」が後を絶ちません。日本でも「人生を楽しむために働く」そう考える国民を増やしていくことが必要と痛感しました。

さて２０１７年10月22日、市民運動に後押しされた野党連合が全国で大きなうねりを見せようとしていた矢先、「国難突破解散」と称した解散により総選挙が断行されました。森友・加計問題の審議を避けるかのような突然の解散と民進党議員の希望の党への移籍騒動等に竿をさされて、投票率は戦後2番目に低い53・68％を記録し、与党の圧勝に終わりました。

私は講演で、若い世代にはフランスの高校生の話を必ず紹介し、講演後に、「皆さんは人生を楽しむために働きたいですか、労働それ自体を目的にしたいですか」と質問します。殆どの若者は「人生を楽しむために働きたい」と答え、嬉しいことに「そのような社会にするためにはどうしたら良いのか」を考えてくれるようになるのです。

政治教育が必ずしも十分と言えないわが国では、生活と政治が直結していることを、分かりやすく伝える工夫が必要と考えています。

２０１７年の選挙で私が一番気になったのは、北朝鮮のミサイル報道等に影響されたのか、日本の未来を担う若者の多くが比例区で与党を選択していたことです。

実は外科医引退後、多くの市民活動や駅頭でのビラ配りなどを通して、若者の政治に対する関心の低さを痛感していたのですが、その心配が現実となってしまいました。しかし一方では、この数年間に大学の講義や労組等で行われる講演を通して、日本のメディアの報道の自由度が世界70位程度であること、日本の社会保障や教育予算が先進国最低で個人負担は先進国最高等の問題をきちんと説明できれば、多くの若者が日本の問題に気付いて考え始めてくれることも実感しています。

次章の「社会保障財源獲得は可能か」でも触れますが、民主党が政権交代を勝ち取った２００９年総選挙の投票率は69・９％でした。当時メディアは連日のように「消えた年金・天下り・霞が関埋蔵金……」等を取り上げ、それに呼応して官僚や政治家に対する国民の「怒り」は頂点に達していたのです。２０１７年10月の総選挙も国会で森友・加計学園疑惑が十分に審議され、社会保障充実のためと消費税が増税されても福祉は削られてきた実態、マニフェスト破りのＴＰＰ強行採決などを、メディアがしっかりと報道し国民が政治により関心と怒りを持つことが出来ていれば、選挙結果は全く異なったものになったに違いありません。その意味では新型コロナで多くの人々が大変な苦難を味わった次の選挙は、日本の政治を変える千載一遇のチャンスなのですが、一方で日本のメディアの現実にも冷静に対応しなければなりません。

紙幅の関係で紹介にとどめますが、総理記者会見の実態を見ても明らかなように、しっかりと質問できず、「広報ジャーナリズム」と揶揄される日本メディアの現実を、私たちは直視して行動しなければならないのです（マーティン・ファクラー『「本当のこと」を伝えない日本の新聞』双葉新書、２

021年)。

大手メディアが政府を忖度《そんたく》した報道を繰り返し、国民が真に必要とする情報が極端に不足している現状は危機的ですが、今後もSNSを含めてあらゆる機会を捉えて、日本の問題を「諦めず」に「明らめて」情報発信を続けなければと思っています。

第5章　社会保障財源獲得は可能か

はじめに

２０２１年度の政府予算は、一般会計総額が１０６兆６０９７億円と過去最大となり、３年連続で１００兆円を上回りました。社会保障関係費も過去最大の35兆８４２１億円となりましたが、財務省は自然増が４８００億円程度と見込まれる中、薬価改定実現等の改革努力で３５００億円程度に押さえて、実質的伸びを「高齢化による増加分におさめる」という方針を達成したとしています(https://www.mof.go.jp/public_relations/finance/202104/202104c.html)。

社会保障予算が１３００億円抑制される一方で、21年通常国会では高齢者医療費窓口負担は１割から２割に倍増、一方防衛費は20年度より６１０億円増えて過去最大の５兆３２３５億円となりました。そして新型コロナウイルス対応として、「予備費」５兆円が計上されましたが、一律給付金10万円は一回しか実施されていません。そして新型コロナ第５波中に強硬されたオリ・パラでは、ボランティア関連予算中抜きや、選手村で大量の食材ロス問題も指摘されています。

本当に日本では社会保障を充実せることは不可能なのでしょうか。この章では財源について考えます。

1　日本の社会保障と公共事業予算

(1)　低い社会保障と教育予算、高い公共事業予算

日本は社会保障や初等から高等教育等の公的支出を先進国最低に抑制（**図5－1**）する一方、世界が公共事業削減に大きく舵を切った1970年代中盤に遅れること約30年間、莫大な予算を公共事業に投じてきました（「公的社会資本形成」と「公的社会支出の国際比較」は、57ページ、**図2－1**、**図2－2**を参照）。

ようやく2000年初頭から公共事業予算の本格的削減が始まりましたが、長年のツケがまわり2016年、国交省は道路や橋梁等の維持管理・更新にかかる経費が2013年度で3・6兆円、2023年度には4・2～5・1兆円、2033年度には4・6～5・5兆円に膨らむと推計しています。今後の

図5－1　OECD加盟国の初等・高等教育への公的支出
(2018年)

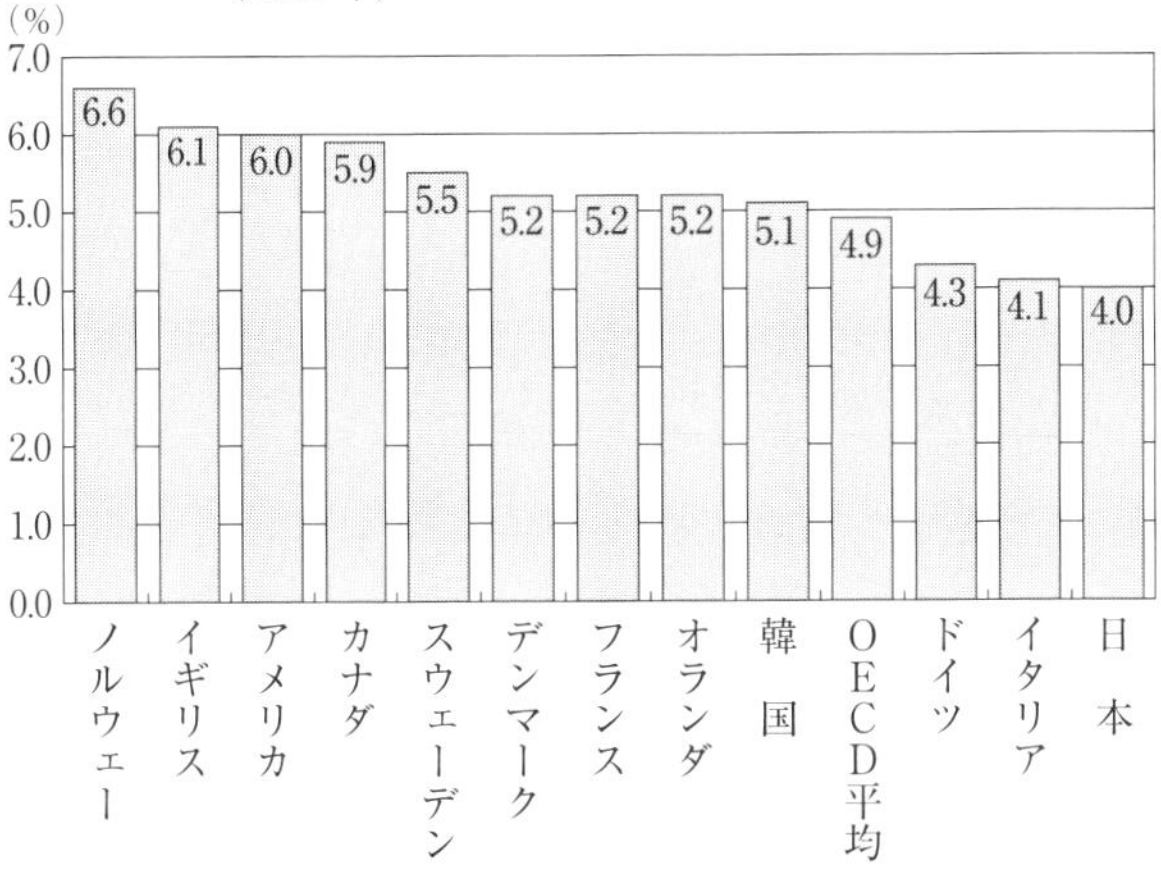

(出所) OECD「Education at a Glance 2021」より著者作成。

維持費等を考えれば、新規建設については慎重な上にも慎重な対応が求められているのです。

(2) 低い社会保障給付費と本当は高い国民負担率

「社会保障給付費」は我が国の社会保障が置かれた実情を見事に表しています。我が国の年金・保健医療・出産育児・高齢障害者・障害現金給付・雇用政策等の社会保障給付費水準はスウェーデンやドイツの半分以下で、大きな政府を嫌い何事も自己責任の国であるはずの米国より少ないことは殆ど知られていません。

表5－1　日本とスウェーデンの国民負担率比較（対 GDP 比）

		スウェーデン	日　本
租税・社会負担率	（A）	51.6%	26.8%
一般政府財政収支	（B）	2.1%	－5.5%
修正国民負担率	（C＝A－B）	49.5%	32.2%
社会保障給付金	（D）	31.0%	14.7%
修正国民純負担比率	（E＝C－D）	18.5%	17.6%
公財政支出教育費	（F）	6.6%	3.6%
再修正国民純負担比率	（G＝E－F）	11.9%	14.0%

（注）再修正国民純負担比率の算出方法は、以下のとおり。
・再修正国民純負担比率＝租税・社会負担率－一般政府財政収支－社会保障給付金－公的支出教育費
（資料）OECD (1998) Benefits and Wages publication series.
（出所）内閣府経済社会総合研究所「スウェーデン企業におけるワーク・ライフ・バランス調査」(2005 年 7 月)。
＊前掲、表 2－4（p.58）の再掲。

民主党政権時代には子ども手当を「バラマキ」と当時の野党（自民党）やメディアは声高に非難しましたが、本当にそうなのでしょうか。「再修正国民純負担率」という大変に興味深い視点があるのです。内閣府経済社会総合研究所「スウェーデン企業におけるワーク・ライフ・バランス調査」（2005年7月）によれば、日本人の「国民負担率（租税・社会負担率）」は表面上こそスウェーデンの51・6%に対して26・8%と低いものの、社会保障給付金や公財政支出教育費等を加味して「再修正国民純負担率」を算出すると、高福祉高負担国家のスウェーデンの11・9%より高い14・0%となっています（表5－1）。

「国民負担率が低いから社会保障充実は困難、充実を望むなら消費増税」は財務省の詭弁です。これを許さないためには、「日本の社会保障給付費は米国以下で、実質国民負担率はすでに福祉国家より高い」、日本は実質「低福祉・高負担国家」という事実を幅広く社会に拡散する努力が求められます。

2　止まらない大型公共事業の実態

見直されたはずの大型公共事業はさまざまな形で息を吹き返しています。

(1)　過去最多のメダルを獲得した東京五輪

新型コロナ第5波が吹き荒れる中、世界でも最低レベルのPCR検査を五輪関係者には積極的に実施して東京五輪が開催されましたが、期間中のPCR検査陽性率をみれば、無症候性陽性者が把握されないままにオリ・パラが強行されていたことが明らかです（図5－2）。

しかし開催期間中、国民の関心は日本選手のメダル獲得報道に誘導され、各種世論調査によれ

図5－2　PCR検査検査数と検査陽性率

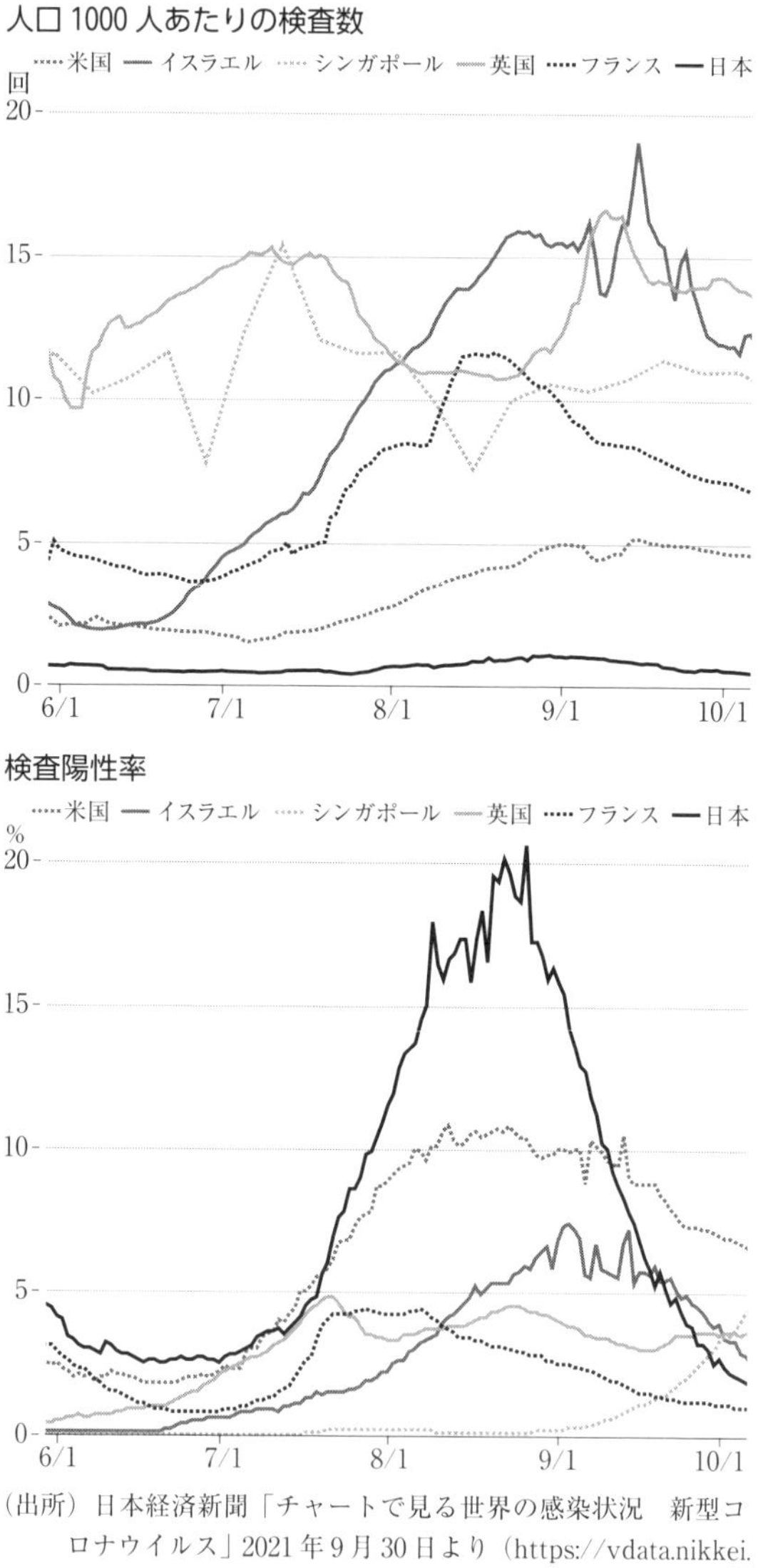

（出所）日本経済新聞「チャートで見る世界の感染状況　新型コロナウイルス」2021年9月30日より（https://vdata.nikkei.com/newsgraphics/coronavirus-chart-list/）。

ば、開催前には60％以上だった「開催に反対」が、開催後には「よかった」が60％を超えています。

しかしこの間の日本のPCR陽性率や、「自宅療養」という名の医療崩壊による「在宅死亡」、何といっても、日本の死者数が1万6000人を超え、東アジアで最多となっていたことを忘れてはいけません。そして今後私たちの生活に多大な五輪開催経費のツケがまわってくるのです。

「復興・コンパクト五輪」と銘打って2013年9月に勝ち取った2020年オリ・パラでしたが、

表５－２　五輪競技会場「負の遺産」に？　重い維持費、赤字へ危機感

（単位：円）

	会　場	主な競技	整備費	年間経費	年間収支
東京五輪・パラリンピックで新設された恒久施設	国立競技場	陸上	1569億	24億円	未定
	東京アクアティクスセンター	競泳	567億	9億8800万	▲6億3800万
	海の森水上競技場	ボート	303億	2億7100万	▲1億5800万
	有明アリーナ	バレーボール	370億	8億8900万	3億5600万
	カヌー・スラロームセンター	カヌー	78億	3億4900万	▲1億8600万
	大井ホッケー競技場	ホッケー	48億	1億4500万	▲9200万
	夢の島公園アーチェリー場	アーチェリー	9億	1500万	▲1170万

（注）国や都の発表資料より。経費と収支は見通し。▲は赤字

（出所）東京新聞 Web 2021年8月3日より（https://www.tokyo-np.co.jp/article/121330）。

当初は７３４０億円とされた開催経費は、マラソンや競歩の札幌開催、新型コロナによる延期、無観客開催等々が重なって、「3～4兆円」と約5～6倍以上に膨らみ、いまだその詳細が明らかにされていません。さらにオリ・パラのために建設した国立競技場など7会場の重い維持費が、「負の遺産」となって待ち受けているのです。

私は五輪誘致の話が持ち上がった民主党政権当時から、東日本大震災復興や福島原発事故の解決、さらに目前に明らかだった高齢化（２０２５年問題）対策を優先すべきと考えて、東京オリンピック誘致には大反対でした。しかし当時は五輪誘致に反対だった世論も、20万人を集めた銀座パレードなどに煽られて賛成に変えられていきました。

今回メダル獲得に沸き上がった国民も、祭りが終わり相次いだ自宅死亡と、今後明らかになる五輪開催経費のツケが、様々な社会保障サービス削減や個人負担増で自身に降りかかるようになれば、日本がなぜ五輪誘致・開催を強行したのか、考えざるをえなくなると思います。

(2) リニア新幹線

2016年7月、JR東海が自前で建設を進めるリニア中央新幹線の大阪までの全線開業を前倒しするためとして、国が「財政投融資」を利用して日本政策投資銀行からJR東海に3兆円規模の融資を決定、2045年に名古屋―大阪開業を計画していたJR東海は融資を利用して最速で37年の開業をめざすこととなりました。ところが2017年12月にはリニア新幹線工事の受注で大手ゼネコン4社（大林組、鹿島建設、清水建設、大成建設）の談合が明らかとなっています。川勝平太静岡県知事は大井川流域住民の〝命の水〟を守るとして、リニアトンネル建設で失われる湧水問題が解決するまでは、トンネル工事に必要な河川法の占用許可を認めない姿勢を知事は崩していませんが、Follow the money、なぜリニア新幹線建設を急いだのか、その目的は明らかです。

(3) 安倍―麻生道路

2016年12月に2008年の大型公共事業見直しで凍結された第3の関門道計画の復活の兆しが見え始めています。想定ルート東端の下関市は安倍首相の選挙区で、西端の北九州市は麻生太郎副総理兼財務相の勢力圏のため「安倍―麻生道路」と呼ばれ、建設には2000億円が予定されています。公共事業に詳しい五十嵐敬喜《たかよし》・法政大学名誉教授は「関門海峡を渡る道路が3つになると新しい道路を作る際に重要な費用対効果はまったく合わないはずで、詳細な情報公開が求められる。国土強じん化というと聞こえはいいが政財界や官僚が決めるのではなく、国民負担や代案を示し住民に問うべきだ」と異議を唱えています。

２０１９年４月、辞任に追い込まれた塚田一郎前国交副大臣は、「安倍—麻生道路」と揶揄されている下関北九州道路の建設計画について、「吉田博美自民党参院幹事長と大家敏志参院議員から『安倍首相と麻生副総理の地盤だろう』と言われて、忖度して予算を付けた」と発言し、撤回するなどしました。しかし菅総理の後に自民党新総裁に選出された岸田文雄氏の安倍・麻生政治の影響力を払しょくできない人事を見れば、この道路の今後から目を離すわけにはいきません。

3　財源論——2つの重要な視点

私は、社会保障財源として「消費税や所得税等を見直して応能負担の原則を守る」が一丁目一番地と考えますが、本稿では「天下りによる政官業の癒着を根絶して特別会計や国家予算の無駄を削減する」重要性について考えてみたいと思います。

(1)　五輪の天下り

日本選手の活躍の裏で、膨れ上げられた五輪予算で美味しい思いをした人々もいたようです。

新型コロナ感染患者の受け入れになぜ五輪選手村を使用しないのかという声を記憶している人も少

なくないと思います。実は選手村整備名目で都有地を基準地価の10分の1以下で購入した不動産・コンサルタント会社に都幹部ＯＢ22人が天下りしていたようです（『しんぶん赤旗』２０２０年３月22日）。

さらに東京都が発注したボート・カヌー、水泳、バレーボールの施設工事を受注した大手ゼネコン14社の12社は都ＯＢを合計45名受け入れています（『週刊現代』２０１６年５月14日）。

五輪後民間に安価で〝払い下げ〟られる競技施設関係もチェックが必要です。総工費３７０億円の「有明アリーナ」は２０４６年３月まで「電通」を代表に、「ＮＴＴドコモ」「アミューズ」「アシックスジャパン」などの企業体に運営権が譲渡されるようですが、契約料は25年で約94億円（プラス利益の半分）と格安で、１万５０００人収容の施設はコンサートや文化イベントなど多方面に活用できるようです（『日刊ゲンダイ』２０２１年８月４日）。他にも新型コロナで激減した五輪のボランティア募集を仕切った広告会社の中抜き等々、野放図な五輪予算浪費は数え切れません。

(2) 消えた年金や天下り問題が政権交代のきっかけ

２００９年に民主党が政権を勝ち取ることができたのは「国民の怒り」があったからです。２００９年に民主党は「官僚政治見直し」をマニフェストに書きこみましたが、官僚の天下りと消えた年金や血税のムダ使いがメディアで繰り返し取り上げられていた結果の政権交代でした。

２００２年から２００８年の新聞・週刊誌等の見出しを振り返ると、「年金保険料30兆円を廃止せよ、年金・簡保など隠れた税金、特別会計の欺瞞」、「官僚国家ニッポンを撃つ、第一弾年金・税金436万人の特権階級を暴く」、「億ションで家賃6万円生活は官僚への裏給与だ」、「道路公団橋梁工事、天下り企業大半受注」、「厚労省文科省官僚天下りの陰に国立病院投げ売り&補助金」、「未熟な安倍内閣が許した官僚暴走の時代、立花隆」、「天下り学長が示す危機、公共事業化する研究開発」「ふざけんな!ガソリン税、自民党の道路利権に消える68兆円の中身」等々枚挙にいとまがありません。

さらに当時は厚労省の「グリーンピア」（1980年から全国13カ所に設置、2005年12月譲渡完了、年金1953億円投入・売却総額48億円）や「私のしごと館」（2003年オープン、2010年営業終了）も注目をあびていました。2005年からTBS系列の「みのもんたの朝ズバ!」は、これらの問題を積極的に取り上げ、2009年7月には「あなたが決める日本の未来8・30政権選択の夏」を放送しています。

2008年には元財務官僚高橋洋一氏が『さらば財務省!』（講談社）で「霞が関埋蔵金」として「特別会計」が税の無駄使いや天下りの温床となっていると糾

図5－3　所轄公益法人への天下りと国費の平均支出額

（会計検査院調べ、2007年度）

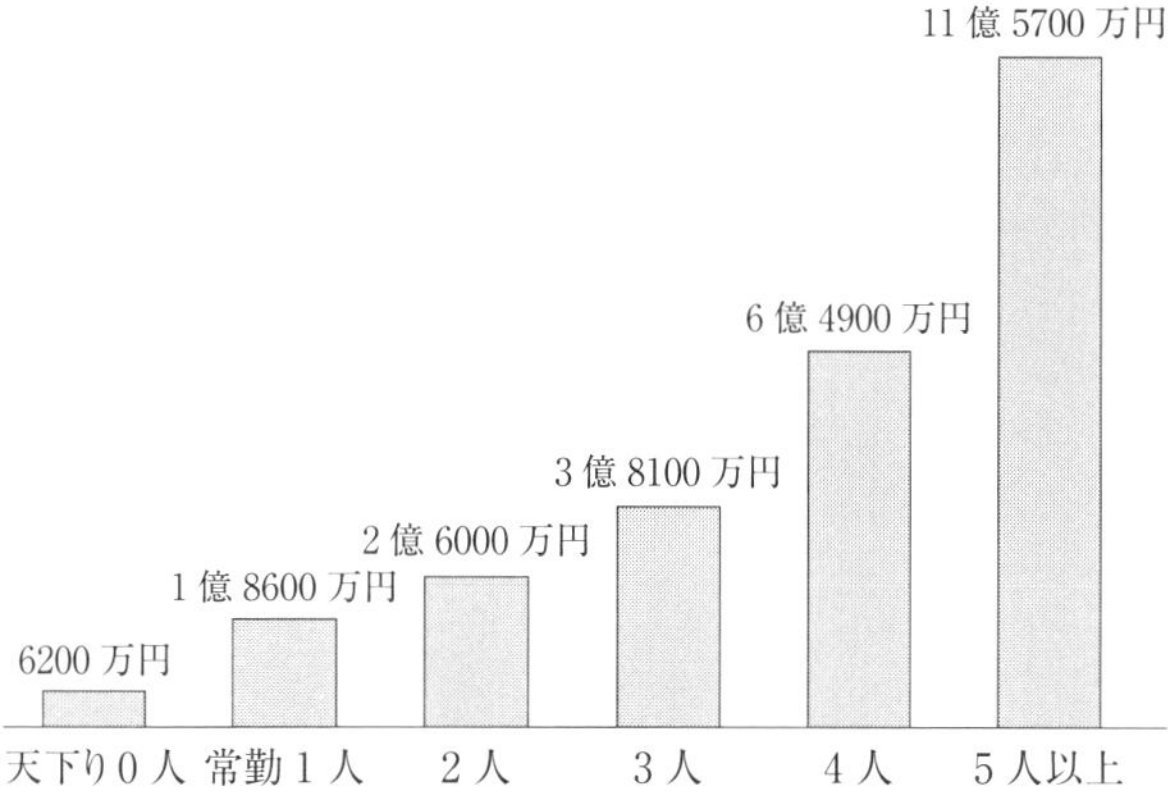

（出所）植草一秀『消費増税亡国論』飛鳥新社、2012年より。

図５－４　国家公務員の再就職状況

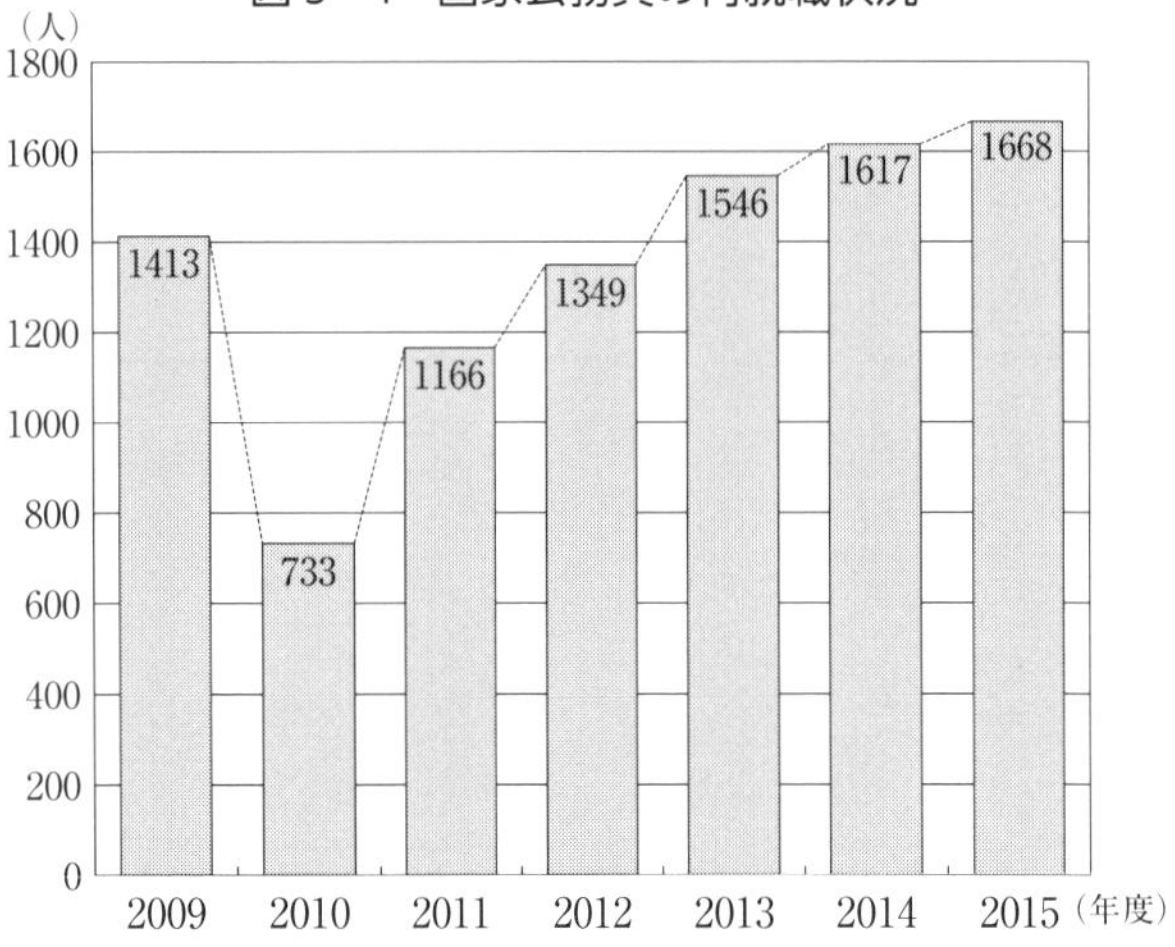

（出所）2017 年 1 月 27 日衆院予算委員会配布資料

弾し、２００９年８月の第45回衆議院総選挙戦で民主党の野田佳彦氏は「２万５０００人の国家公務員ＯＢが、４５００の法人に天下りをし、その４５００法人に12兆１０００億円の血税が流れていることがわかりました。シロアリを退治して、働きアリの政治を実現しなければならないのです」と訴え、戦後初の本格的政権交代を勝ち取りました。

⑶　復活した天下り、大学だけでなく企業にも

２０１４年５月の読売新聞は、２００８年当時の公益法人数は２万４３１７であったが２０１３年11月末には国および都道府県所管公益法人数は９２０４に減少したと報道しました。しかし２０１７年の国会審議で、２０１０年にかけて減少した国家公務員の再就職状況は２０１２年以降増大に転じて、２０１６には過去最高の１６６８人となっている実態が明らかになりました（図５－４）。

２０１５年には防衛省・自衛隊と企業の癒着も明らかとなっています。なぜ政府が武器輸出三原則を廃止して「防衛装備移転三原則」を定め、なぜ国民の反対を無視して「安保関連法案」を強行

図5－5　軍需産業と防衛省、自民党の癒着の構図

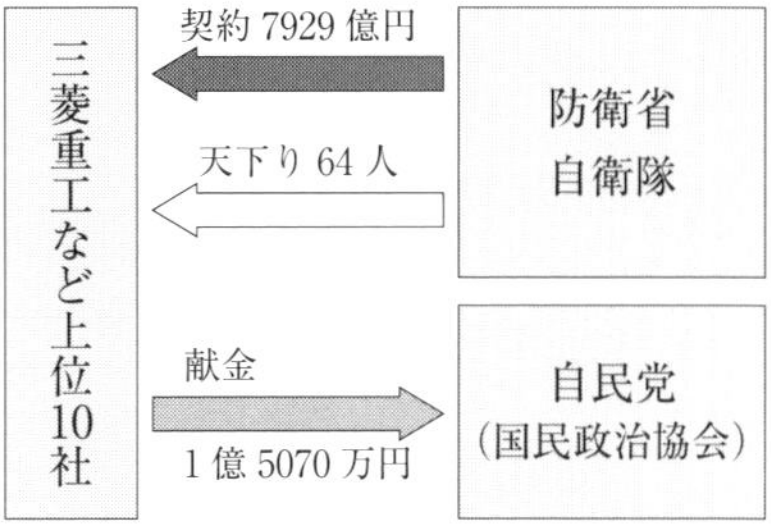

（注）防衛省提出資料と政治資金収支報告書から井上事務所調べ。
（出所）しんぶん赤旗「戦争する国へ癒着。軍需産業上位 10 社に天下り 64 人。2014 年防衛省・自衛隊」2015 年 6 月 17 日。

採決したか、そして、なぜ北朝鮮ミサイル危機をJアラートで煽って軍事費が毎年増大の一途なのか、さらに生活保護は引き下げて、なぜ廃止した国会議員年金を復活させるのか、ここでもFollow the moneyで考えればその目的が見えてきます（図5－5）。最近は天下り報道が陰をひそめていますが、112ページで東京五輪に関係する都庁職員の天下りに触れました。私たちに知らされないところで天下りは続いていると見た方が賢明と考えています。

(4) 高額な日本の薬価の背景にも？

医療の進歩、そして高齢化によって医療費が増加するのは世界の趨勢です。日本はすでに世界一の高齢化社会で目前に未曾有の超高齢化社会を迎えることが確実になっています。ところが高齢化を加味すれば日本の医療費は先進国最低レベルなのです（図5－6）。

医療費は抑制に次ぐ抑制で医療機関は青息吐息なのに、製薬企業は我が世の春を謳歌していることが次々と明らかにされています。日本と海外の薬価を比較すると、日本は英国やフランスの2倍（図5－7）で、主要製薬企業は驚異的な利益率を誇っているのです（表5－3、表5－4）。

図 5-6　世界の高齢化率と医療費の GDP 比（2016 年）

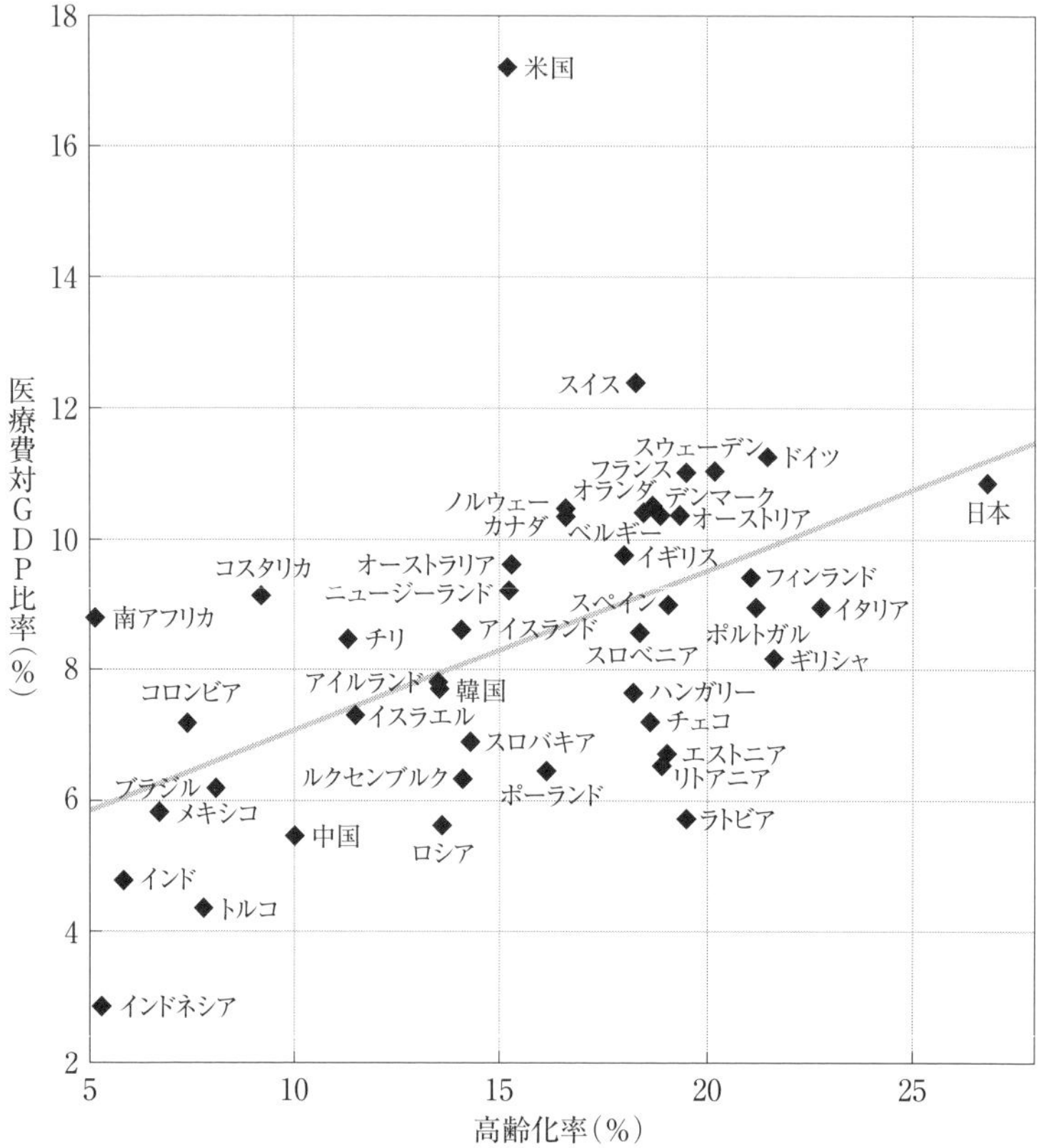

（注）医療費は OECD 諸国以外は 2014 年の数値（ただしブラジルは 2013 年、ロシアは 2015 年、リトアニアは 2016 年）。高齢化率はすべて 2016 年の数値。

（出所）OECD Health Data 2017 (June 2017), 世銀 WDI2017, 7, 8

２０１７年12月には18年度予算の閣僚折衝として診療報酬の本体部分は０・55％引き上げ、「薬価」部分を引き下げて、全体を引き下げる方向性が示されましたが、ここでも大手メディアは医師の給与分が引き上げられると診療報酬が僅かに増加する部分を強調して報道していました。医療機関が受け取る診察料や手術等の診療報酬点数は先進国最低に抑制する一方、なぜ製薬企業には手厚

図５−７　イギリスを100とした各国の相対薬価（2010年患者購入価格）

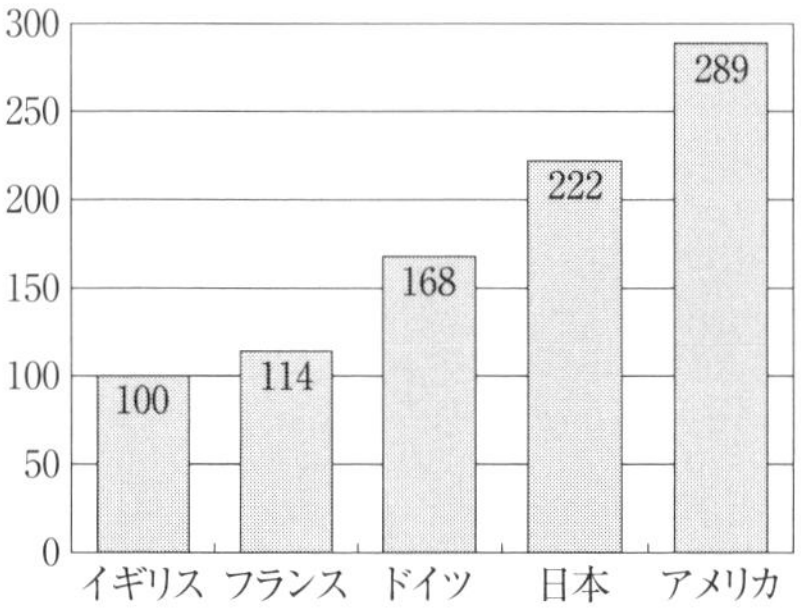

（注）日本の売上上位100位までの薬剤で、米国、ドイツ、フランス、イギリスのうち３ヵ国以上の国で薬価が判明した薬剤77品目の幾何平均値。

（出所）全国保険医団体連合会「薬価の国際比較調査結果」2011年12月22日。

表５−４　主要製薬企業の内部留保

（2012年３月期連結決算）

（単位：百万円）

企業名	内部留保金
武　田　薬　品	2,254,075
アステラス製薬	894,737
第　一　三　共	742,409
エ　ー　ザ　イ	464,176
田辺三菱製薬	665,745
上記５社合計	5,021,142

（注）各社有価証券報告書より作成。

（出所）「日本の薬価をめぐる諸問題」『京都保険医新聞』2982号、2016年１月10日、京都保険医協会政策部会より。

表５−３　主要製薬企業の財務

（2015年３月期連結決算）

（単位：億円）

企業名	売上高	売上原価	売上総利益(粗利)	
武　田　薬　品	17,782	5,209	12,568	70.7％
アステラス製薬	12,472	3,331	9,140	73.3％
第　一　三　共	9,193	3,230	5,962	64.9％
エ　ー　ザ　イ	5,484	1,935	3,548	64.7％
田辺三菱製薬	4,151	1,696	2,455	59.1％
上記５社合計	49,082	15,401	33,673	68.6％

（注）各社有価証券報告書より作成、田辺三菱は2004年度

（出所）「日本の薬価をめぐる諸問題」『京都保険医新聞』2982号、2016年１月10日、京都保険医協会政策部会より。

図5－8　先発医薬品企業（全社連結）　売上高営業利益率の推移

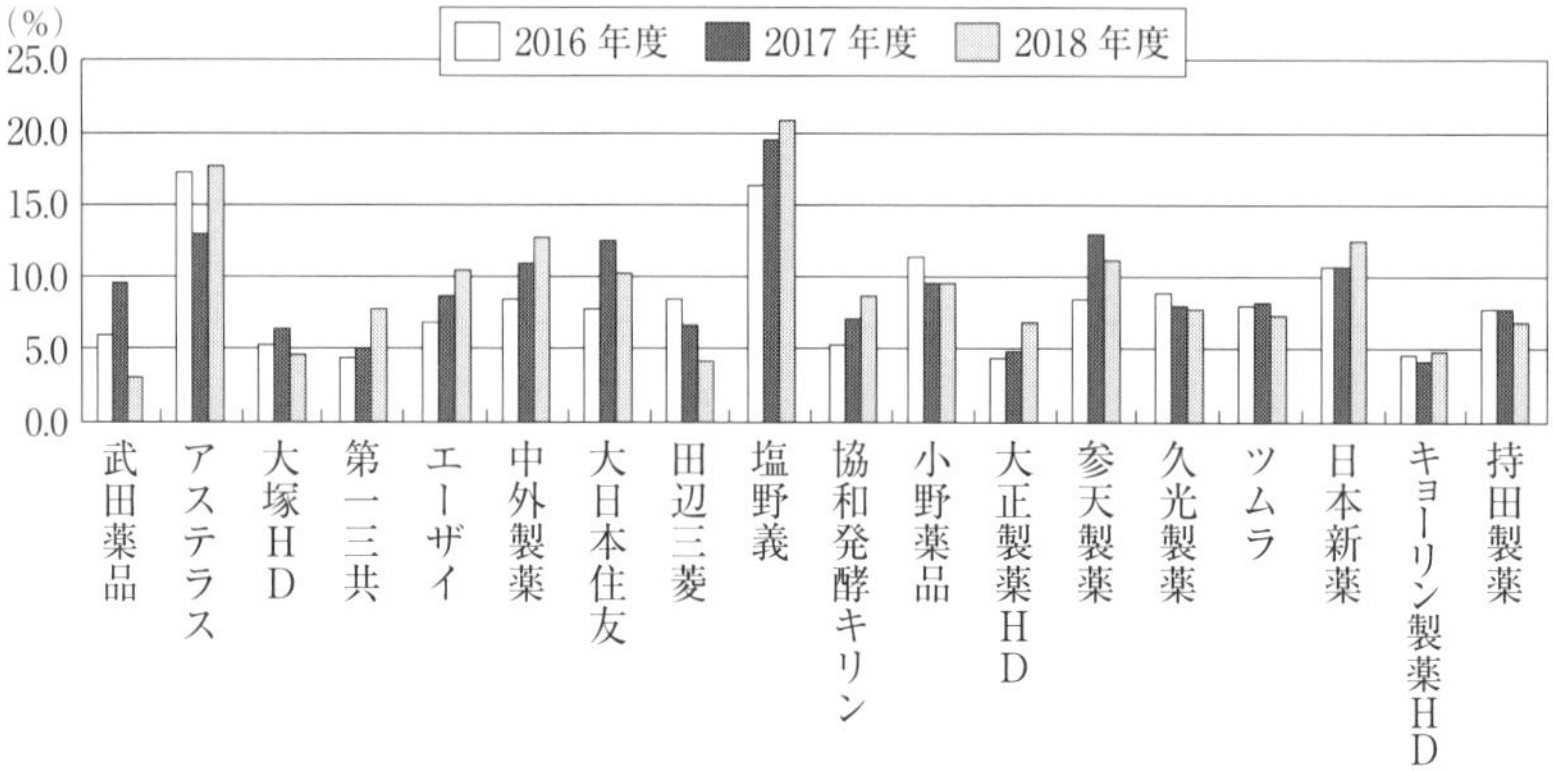

（出所）「製薬企業等の2018年度決算概要と薬剤料比率」「日医総研リサーチエッセイ No.73」2019年7月17日、p.8。

い配慮が行われ続けているのか。厚労省から薬剤メーカーへの天下りの実態を明らかにすれば、その理由が見えてくるのではないでしょうか（図5－8）。

4　社会保障財源獲得のために

　渋沢栄一が嘆いた「官尊民卑の官僚」は、「予算と補助金」および「通達と規制」を飴と鞭にして、「政・官・業」に加えて大学とメディアもアンダーコントロールにおいています。本書初版では2017年に明らかとなった文科省の天下り問題について触れましたが、その後も2019年には2020年度から始まる大学入学共通テストで予定されていた英語民間試験が問題となりその実施が見送られました。またもや文科省の民間事業者への利益誘導と天下りの構図が繰り返されようとしていたのではと残念に思っています。

図5－9　人口1000人当たり医師数（2017年）

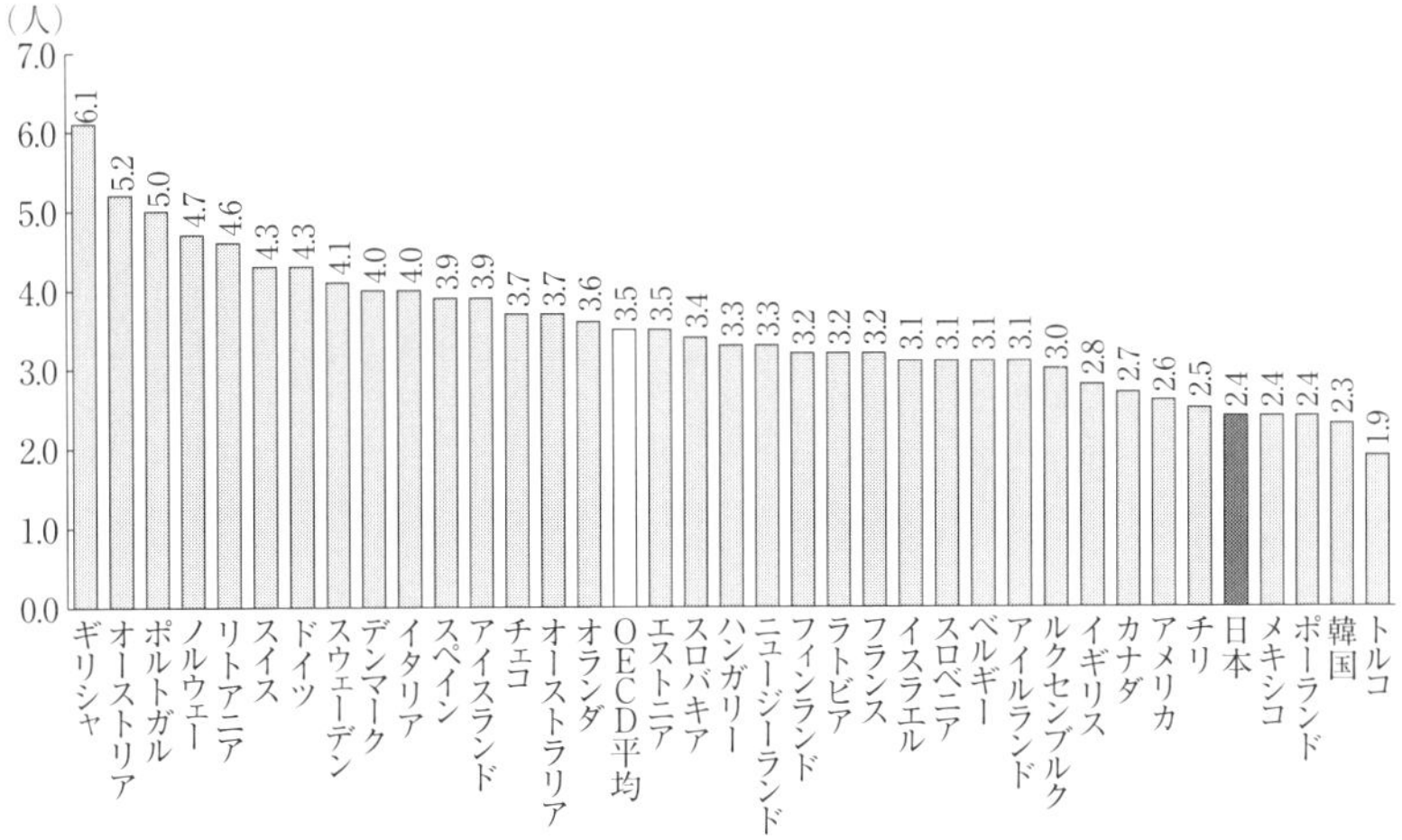

（出所）図表3－5に同じ。

本来、税の使い道を決めるのは国民に選ばれた政治家のはずです。しかし福祉国家デンマークやスウェーデン等の福祉国家の投票率は85％を超えているのに対して、日本は民主党が政権交代を果たした2009年総選挙こそ投票率は69・3％と小選挙区比例代表並立制を導入した1996年以降最高を記録したものの、2012年は59・3％、2014年には52・7％、そして2017年10月は53・7％、2019年7月の第25回参議院議員通常選挙では48・8％で（前回比：5・9ポイント減）50％を割り込んだのは1995年の第17回参院選（44・52％）に続いて、24年ぶり2回目の低投票率だったのです。そして、2021年10月の衆議院議員総選挙は、55・9％で戦後3番目の低投票率に終わりました。

国民が社会保障充実を望むのなら、税金の無駄使いを絶対に許さず、投票で政治家に審判を下すことが必要最低条件です。そのためにも「日本のPCR

検査数と医師数は先進国最低レベル（図5－9）」でその背景に「日本の社会保障給付費はアメリカ以下で、実質国民負担率は福祉国家より高い」状況であること、さらに本章で触れたような天下りと税金の使途の問題を粘り強く拡散する努力が求められています。

おわりに

東京女子医大から済生会栗橋病院に派遣されて10年が過ぎようとしていたある日、外来で患者さんを診察していた私に、長年母がリューマチで通院していた郡山の病院から一本の電話がありました。「お母様が一昨日の夜に肺炎で緊急入院されたのですが、昨晩トイレに立とうとして転倒して、今朝レントゲンで骨折が確認されました」。

外来を早々に切り上げて郡山に向かいましたが、薄暗い病室のベッドに横たわる母親が小さく見えたことをよく覚えています。私が到着するなり、母と2人で細々と洋品店を営んでいた父が「どうしてトイレに立つときに、看護師さんを呼ばなかったんだ」と強い調子で詰問したのです。その問いに母が「看護師さんはとても忙しそうで、トイレぐらいで呼べなかった」、私が予想した通りの答えをしたのを今でも忘れられません。

残念なことに、埼玉の私の病院でも夜間に患者さんが点滴を自分で抜いてしまったり、トイレに立つ時に転倒して骨折するなどのトラブルは起きていました。私は父に、このような事態はどこの病院でも起こりうること、医療制度の問題でマンパワー不足を病院や看護師さん個人の努力だけではどうにも出来ないことなどを、何度も繰り返し説明しましたが納得してくれませんでした。その後、寝たきりとなった母親は別な病院へ紹介されて転院し、1年後に2つ目の転院先で息を引き取りました。72歳でした。

父はその後10年以上郡山で一人暮らしをしていましたが、認知症を発症したため私が埼玉に引き取って、その半年後に介護施設で亡くなりました。それにしても残念だったのは、父が亡くなるまで「妻が入院中に骨折し、長年通っていた病院を追い出された」という怒りを医療現場に向けていたことです。この辛い経験が、私が医療再生を決意する原点となりました。

多くの日本人は、「世界に冠たる国民皆保険制度」という言葉で、これまで医療には過分な予算が配分されてきたと信じています。しかし現実には1980年代初頭から「医療費亡国論」を根拠に、日本の医療費は先進国最低レベルに抑制されてきたのです。そして現在、莫大な財政赤字を理由に、全国400以上の公立・公的病院の再編統合や都立病院独法化など、さらなる公的負担削減と自己負担増等を含めた社会保障の自助・共助化が進められています。

2500年前、釈迦は人の苦しみを四苦八苦と説きましたが、根源的な苦しみとされる四苦は「生老病死」、人は生まれて老いて亡くなるまで、多かれ少なかれ医療を受けることになります。科学の発展でどれだけ技術や薬が進歩しても、医療が安全に提供されるためには「ひとの手」が欠かせません。医師や看護師が歯を食いしばって働かざるを得ない状況のままでは、良質で安全な医療を提供することは不可能なのです。

日本の医療や社会保障を「患者さん第一」の視点で守り築き上げるためには、国民の皆さんに医療現場の現実を知ってもらうしかない、そう考えて外科医を引退、医療再生のために講演活動を開始して6年が経過しました。しかし今までの努力も実を結ばず、大変残念ながら、新型コロナ感染による医療崩壊と在宅死亡が続出する状況になってしまったのです。

幸いなことに引退後に日本機関紙協会の「ＳＡＩＴＡＭねっとわーく」や、中央社会保障推進協議会の隔月刊『社会保障』の連載、２０１７年8月には自治体研究社の『高齢期社会保障改革を読み解く』の一部を担当させて頂き、本書を上梓することができました。それからも毎年全国で１００回以上の講演を行い、この度再度自治体研究社の寺山浩司さんから改訂版をとお声をかけて頂きました。

三訂版では引用した図表のデータをできるだけ最新のものに差し替え、そして新型コロナ危機で明らかになった、日本の医療崩壊と強行されたオリ・パラについても、加筆しました。

白血病を発見したドイツの医師・病理学者のフィルヒョウ（１８２１年10月13日～１９０２年9月5日）は、政治家として公衆衛生の改善を強く訴えてベルリンに近代的な上下水道を作り「医療はすべて政治であり、政治とは大規模な医療にほかならない」と宣言しましたが、今回の新型コロナ危機に対しての日本のＰＣＲ検査の少なさ、自粛を要請するものの欧米に比して生活保障などが極端に少ないこと、アルバイトができず大学生の5人に1人が退学を考えなければならなかった問題等々、医療だけでなく「生活も政治」と実感したのではないかと思います。

新型コロナ危機は、私たち国民にとって第二次世界大戦後最大の危機とも言えますが、長い間の医療再生の活動を通して私は今回の危機が、医療と日本社会を真の民主主義社会に変える最高・最大のラストチャンスではないかと考えています。これからも目の黒いうちは、日本を「国民第一」に考える民主国家として子や孫の世代にバトンタッチできるよう、明日からも「考えて一票を投じる人」を増やすことを目標にリモート講演や YouTube を活用して情報発信に邁進したいと思います。

最後になりましたが三訂版の出版に協力頂いた自治体研究社の孟蘭さんに御礼を申し上げるとともに、私を育んでくれた両親と弟、指導して下さった弘前大学と東京女子医大等の先輩諸氏、さらに過酷な外科医生活を支えてくれた栗橋病院の多くの同僚・後輩や仲間たち、引退後市民活動でご指導をいただいている多くの皆様、医療制度研究の恩師・高岡善人先生、最後に共に歩んでくれた家族に心から感謝の意を表します。

〈著者〉

本田　宏（ほんだ　ひろし）

1954 年 6 月 16 日、福島県郡山市生まれ。

医師（外科医）。NPO 法人医療制度研究会副理事長。前埼玉県済生会栗橋病院院長補佐。日本医学会連合労働環境検討委員会委員。

1979 年弘前大学卒業後、同大学第 1 外科。東京女子医科大学腎臓病総合医療センター外科を経て、1989 年済生会栗橋病院（埼玉県）外科部長、2001 年同院副院長。

［主要著書］

・『誰が日本の医療を殺すのか』洋泉社、2007 年
・『医療崩壊はこうすれば防げる！』（編著）、洋泉社、2008 年
・『「医療崩壊」のウソとホント』PHP 研究所、2009 年
・『本当の医療崩壊はこれからやってくる！』洋泉社、2015 年
・『がんになる性格、ならない性格：がんは「こころ」で治せる』廣済堂出版、2016 年
・『高齢期社会保障改革を読み解く』（共著）、自治体研究社、2017 年
・『日本の医療崩壊をくい止める』（共著）、泉町書房、2021 年
・『日本の医療はなぜ弱体化したのか　再生は可能なのか』（編著）、合同出版、2021 年

Dr. 本田の社会保障切り捨て日本への処方せん　三訂版
――新型コロナ感染症を乗り越えて

2018 年　2 月 20 日　初版第 1 刷発行
2020 年　7 月 10 日　改訂版第 1 刷発行
2021 年 12 月 15 日　三訂版第 1 刷発行

著　者　本田　宏
発行者　長平　弘
発行所　㈱自治体研究社
〒162-8512 東京都新宿区矢来町 123　矢来ビル 4 F
TEL：03·3235·5941／FAX：03·3235·5933
https://www.jichiken.jp/
E-Mail：info@jichiken.jp

ISBN978-4-88037-733-9 C0036

印刷・製本：モリモト印刷株式会社
DTP：赤塚　修